早すぎた男　南部陽一郎物語

時代は彼に追いついたか

中嶋 彰　著

ブルーバックス

カバー装幀　芦澤泰偉・児崎雅淑
カバー写真　Peter Thompson/Getty Images News/Getty Images
本文デザイン　齋藤ひさの
本文図版　さくら工芸社
協力　福井新聞社

プロローグ

南部陽一郎はいったい何をした人物か。こう問われれば、ひとまずは「自発的対称性の破れ」という希有なテーマについて研究し、２００８年にノーベル物理学賞を受賞した素粒子物理学の巨匠だ、と答えるのが無難だろう。しかし、これでは何のことかさっぱりわからない。

ではこんな説明はいかがだろう。

陽子（水素原子の原子核）はアップクォークが2つとダウンクォークが1つでできている。クォークとは物質を分けていったとき、最後に行きつく目に見えない極微の粒子だ。しかし非常に不可解なことに、加速器実験で突き止められたクォークのもともとの「裸」の質量を足し合わせても全質量の2％ほどにしかならない。いったい残りの約98％の質量はどこからやってきたのだろうか。

このような深遠な質量の起源をめぐる謎に対し、独自に編み出した自発的対称性の破れの理論で挑み、解明に成功したのが南部だった。南部理論の前では、２０１２年に発見され「質量の起源」として喝采を浴びたヒッグス粒子も、巨象にひれ伏す小さなアリでしかない。

南部は質量のみならず「力」の根源にも迫った。

原子核の中にはプラスの電荷を持つ陽子と、電気的に中性の中性子がつまっている。しかし中性子はどの粒子とも引き合おうとしないし、陽子はプラスの電荷を持っているから互いに反発さえする。にもかかわらず、なぜ陽子や中性子は原子核として一つにまとまっていられるのか。

最初の答えは湯川秀樹が出した。原子核の中で、陽子や中性子は「中間子」という粒子をキャッチボールして、相手の粒子と「核力」という力で引っ張り合っている。だから陽子と中性子はバラバラにならないのだ、と。中間子の存在を予測した湯川は日本人として初のノーベル賞を受賞した。

だが、湯川理論はやがて南部が創始した「量子色力学」によって描き直されることとなった。南部はこう説いた。陽子や中性子の中にいる3つのクォークは赤、緑、青のどれか1つの色に染まっていて、押したり引いたりして互いに力を及ぼし合っている。これこそが核力の真の姿なのだ、と。

電磁気力がプラスの電荷とマイナスの電荷によって生まれるように、核力は3種類の色の相互作用で誕生し、陽子や中性子、さらにその中にいるクォークの群れを一つにまとめあげる。だから、さまざまな物質でできている地球上のありとあらゆるものは——便利で手から放せないスマートフォンも、美しいバラの花も、おいしそうなステーキも——バラバラにならないでいられるのだ。

だが、これからご覧いただくのは決して、素粒子物理学を塗り替える理論を次々と編み出した、完璧で、挫折などとは無縁な科学者の物語ではない。実は南部陽一郎は、脇がかなり甘く詰めも緩い人間だった。そのせいで手痛い失敗や遠回りを何度も味わった。

いくつか例をあげよう。自発的対称性の破れの理論のお披露目のときに南部は重大なミスをした。正式な論文を書く前の予稿論文（プレプリント）で研究成果のさわりを披露してしまい、英国の若手研究者に成果を持っていかれかねない事態に陥った。

対称性が自発的に破れたときは、この現象に特有な未知の新粒子が発生する。だが失敗がたたり、この粒子は当初「南部粒子」と呼ぶことができなくなった。

旧制の一高から大学に進学する際にはしまりのない選択をした。中間子論を発表して一躍、日本と世界のヒーローになった湯川秀樹にあこがれた南部は、東京大学の物理学科に進学した。ところが東大には素粒子物理学の研究室はまだできていなかった。

素粒子物理学は現代でこそ日本のお家芸と言われる。しかし新興の学問に過ぎなかった素粒子論に、保守的な東大はことのほか冷たかった。

だから、もし素粒子物理学を本気で学ぶ気概があるのなら、南部は東大ではなく湯川がいる京都大学に進学しなければならなかった。しかし当時の南部にそこまでの問題意識はなく、一高から東大というお定まりの階段をぼんやりとしたまま、のぼってしまった。

著名人にあこがれるミーハーのような軽いふるまいも若い頃にはみられた。世界最高峰の米国のプリンストン高等研究所に留学した際、南部は研究所に招致されていた伝説の研究者、アインシュタインに会ってみたい、と家を訪ねた。しかも1度だけでは満足できず2回もだ。

肩に力が入りすぎたせいなのか、プリンストン高等研究所での研究は空回りに終始した。満足な成果をあげられず自信を失った南部は苦渋の選択をする。訪米直前には大阪市立大学ですでに教授に就いていた彼が、ただのポスドク（博士研究員）の身分に甘んじてもシカゴ大学へ移る決意を固めたのだ。

南部の才能がようやく花開いたのはこのあとのこと。素粒子物理とはまったく縁がなさそうに見える超伝導のBCS理論に触発されて、自発的対称性の破れの理論を構築するにいたる展開は「南部物語」の最高の読みどころの一つだ。

南部理論の凄みは、この理論を母体にいくつものノーベル賞級の研究成果が誕生していったことからもよくわかる。

電磁気力と、原子核の内部で働く弱い力を統合する「電弱《でんじゃく》統一理論」は南部理論がなければ成立しなかった理論だし、ヒッグス粒子にいたっては南部理論の派生物というべき存在だ。

ただし南部理論はわかりにくかった。ただ難しいのではない。難解な素粒子理論の中でもとりわけ南部の理論はわかりにくかった。だが10年もすると南部理論の重大性は少なからぬ研究者に浸透し、学術の世界を支配しはじめる。だから南部は素粒子物理の世界で「予言者」と呼ばれるようになった。

クォークモデルを考案した素粒子物理の天才、マレー・ゲルマンとの火花を散らすような理論家どうしの戦いにも注目願いたい。

南部はゲルマンが考案したクォークモデルが気に入らなかった。彼が提唱するクォークの電荷は、電荷の基本素量の「$+\frac{2}{3}$」倍や「$-\frac{1}{3}$」倍という奇妙で中途半端な量だったからだ。

こんな醜いものがこの世に存在するはずがない。理論や数式の背景には必ず物理的な存在がある、と信じる南部にとってクォークは認めがたい存在で、ある種のごまかしに映った。

こうして南部はゲルマンに異を唱え、自己流のクォークモデルの構築へと歩みを進めた。クォークを3つの色に染めた量子色力学はその最たるものだ。

日本でも米国でも南部のそばに寄り添った妻、智恵子《ちえこ》にも目を向けていただきたい。智恵子は太平洋戦争の最中、兵庫県・宝塚にあった陸軍の研究所で南部中尉に出会い、終戦を待たずに結婚した。当時はまだ珍しい恋愛結婚だった。

智恵子は背が高く、目鼻立ちが綺麗な聡明な女性だった。自分の考えをしっかり持ち、好き嫌いがはっきりとした彼女に南部は好感をもった。

南部が米シカゴ大学に転じたあと、南部邸を訪ねた日本の若い研究者たちは例外なく彼女の日本料理で歓待された。その中にはニュートリノの観測で南部より早くノーベル賞を受賞する小柴昌俊もいた。

智恵子は、夫の衣服を着せ替えるだけの家庭の主婦には甘んじなかった。一人前の人間として女性も自立すべきだ、という南部の勧めに励まされ彼女は州立短期大学の講師として働いた。

晩年、南部夫妻は日本に戻り、智恵子が生まれ育った大阪・豊中で暮らしはじめた。このあとの南部の人生で驚くべきは、90歳を過ぎてもなお流体力学などに好奇心を示し、研究論文を書き続けたことだ。

湯川秀樹はノーベル賞を受賞したあと、早々に研究の現場から退き、活動の場を核兵器廃絶運動など学術の外に求めた。だが湯川とは対照的に南部の物理への好奇心は天寿をまっとうするまで衰えず、生涯、現役の研究者を貫いた。

これから語るのは、日本が生んだ不世出の研究者、南部陽一郎の物語。２０２１年に南部が生誕１００年を迎えたのを機に紡いだ、彼のライフストーリーをご堪能いただこう。

目次◉早すぎた男　南部陽一郎物語

第5章　南部理論が生んだヒッグス粒子と電弱統一理論

第6章　クォークめぐるゲルマンとの対決　175

第7章　ひも理論VS量子色力学　219

第1章 福井の神童

老舗仏壇店を飛び出した父

両親が人生のどこかで巡り会わないと子供は生まれない。しかし南部陽一郎の場合、それが針の穴を通すような至難の業だったように思われてならない。

陽一郎の父、吉郎は仏教が盛んな福井の老舗仏壇店の長男だった。長男は店を継ぐものとほぼ決まっている。もしその運命を吉郎が甘受して地元に残り、安定で平凡な人生を選んでいたら、陽一郎はこの世に生まれるはずのない人間だった。

ところが長男坊は、仏教やお坊さんが嫌いで、文明や文化、民主主義といった新しい時代のいぶきに強く惹かれた。旧制中学に通っていた頃には「学問をやりたい」「小説家になりたい」と言っては父親と衝突していたらしい。

吉郎はやがて仏壇店を継ぐ権利を放棄し、京都の立命館中学を卒業すると、嬉々として大正ロ

（左から）**祖母、母と陽一郎**

マンの香りが漂う東京に向かい、早稲田大学に入学した。吉郎は大学では英文学を学んだ。背が高く陽気で、少々、教養の香りがきいた会話もできる彼は、在学中に伴侶も獲得した。福島県出身で東京女子高等師範学校（現・お茶の水女子大学）に通っていた、きみである。

二人は東京市で暮らしはじめ、まもなく陽一郎が生まれた。1921（大正10）年1月18日のことだった。

好奇心が旺盛な吉郎は職を転々と変えた。学校の先生をやったり、鉄道省の視察官をしたりしたこともあった。だが幸福な南部一家と東京を1923年秋に関東大震災が襲った。一家は命以外のすべてを失い、吉郎は妻子を連れて福井へと戻った。陽一郎が2歳のときのできごとだった。

陽一郎を育んだ父の書斎

福井に戻った一家は市内に土蔵を借りて暮らしはじめた。吉郎は地元の福井高等女学校の教師に採用され英語と公民を教えた。吉郎はやがて市内の志比口《しひぐち》に当時としては珍しい洋風の家を建てた。真っ赤な屋根が目立つモダンな家だった。

志比口は福井の学園地区とも呼ばれた地域で、南部家のごく近くには白山神社や進放小学校があった。朝、陽一郎はギリギリまで家にいて、始業のチャイムが鳴り出すと学校に向かって走り出した。陽一郎はこの頃、友だちから「ようちゃん」と呼ばれていた。

学校から戻ったようちゃんが、目を輝かせて入っていくのは父の書斎だった。そこには大好きな科学の本や雑誌がいっぱいあった。小説家を目指した吉郎は分野を問わずありとあらゆる本を集めていた。本棚は天井に届くほどの高さだった。

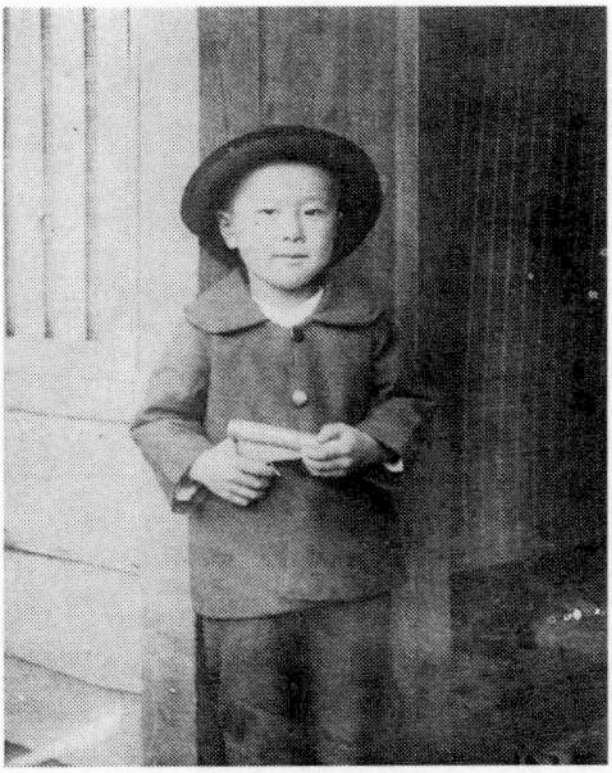

東京で生まれた陽一郎は、福井市で育った

本棚には吉郎が買ってくれた『子供の科学』もあった。ようちゃんの指定席は、大きな本棚にかけられたはしごの踏み板だった。彼はそこに座ると勝手気ままに好きな本を手に取り、読書にふけった。

陽一郎の成績は群を抜いていて、小学生の頃から中学の数学を勉強していたとの逸話が残る。苦手なのは体育だけだった。

軍国主義の色に染まる福井

昭和初期は軍事色が年々強まっていく時代だった。１９２９（昭和４）年には世界恐慌が、１９３１年には満州事変が発生し、日本は急速に軍国主義の色に染まっていった。

陽一郎は１９３３年に福井中学に進学した。しかし福井の夏は湿度が高く汗かきの彼にとって不快な季節だった。ゲートルを脚に巻いてカーキ色の制服を着て通学するのはとても苦痛で、汗のため、たった1年で制服がボロボロになった。

もっとも陽一郎が己の不遇を嘆いていたばかりか、というと必ずしもそうではない。当時の福井中学は「軍事教練では日本一」だと自負していたが、陽一郎はこれについて中学の創立百五十周年記念誌に寄せたエッセイで「半信半疑ながら悪い気はしなかった」と書き残している。

あるとき、陽一郎は祖父母の家で鉱石ラジオのキットを見つけた。アマチュア無線が好きな叔父が買いはしたものの作らないで置いたままにしていたキットだった。

陽一郎はラジオを組み立てはじめた。取扱説明書があったが数式がいくつも書かれていてほとんど理解できない。でも陽一郎はこのプロセスがとても楽しかった。難題にチャレンジする行為

『子供の科学』創刊号の表紙（1924年刊行）

そのものがスリリングで楽しかった。
気分はあこがれだった米国の発明王、トーマス・エジソンだったろうか。完成したラジオから は全国中等学校優勝野球大会の準決勝の戦況を伝える音声が聞こえてきた。中京商業と明石中学が延長25回まで戦い、中京が「1対0」で勝った歴史に残る名勝負だった。

神童もドイツ語には苦労した

福井新聞社が2009年に出版した『ほがらかな探究 南部陽一郎』には中学生時代の陽一郎の神童ぶりを伝えるエピソードが少なからず紹介されている。

「先生より南部に聞く方がわかる」「一度で覚えるから、メモするためのノートを持ってこない」などの逸話である。陽一郎にはかわいい妹がいて、彼女は父が勤務する福井高等女学校に通った。成績は優秀だった。地元では南部家は才能に恵まれた一家として知られていた。

1937年。成績優秀な陽一郎は、本来だと5年制の旧制中学を4年で修了し、東京の第一高等学校の理科甲類に入学した。いわゆる「四修」での一高合格である。南部はとびきり優秀な学生だった。

ただし一高入試は補欠合格だった、という耳を疑うような逸話が伝えられている。願書の提出段階で父親の吉郎が、第一外国語の試験で英語でなく、難しいドイツ語を選ばせた。これが災い

一高入学直後のういういしい陽一郎

したというのだ。入学直後、南部が教室に入ったら前のほうに2つ余分な机と椅子があり、そこに座らされた。「どうして」と問うと、席順は入試の成績の悪い順だった、という思い出話も南部がのちに語っている。

ガロアとアーベル

旧制高校の一つの特色は、全員が学生寮に住み込み勉学と生活を共にする全寮（皆寄宿）制度だ。廊下をはさんで勉強部屋と寝室が向かい合わせになっている。そこに文科・理科、先輩・後輩の別なくさまざまな地方からやってきた8人ほどの学生が一緒に住み、学問や人生を語り合った。

深夜の12時を過ぎると消灯になった。しかし勉強を続けたい学生は、管理人から蠟燭《ろうそく》を買って火をともし勉強した。これを蠟勉《ろうべん》といった。南部が蠟勉をする姿をご覧いただきたい。読んでいるのは名著として知られる高木貞治の『解析概論』だった。

数学の教官を務めた菅原正夫が授業中の雑談に語った二人の数学者の生き様や死に様にも強く惹かれた。高等数学の群論で名をあげながら、ともに若くして死んだエヴァリスト・ガロア（フランス）とニールス・アーベル（ノルウェー）だ。

ガロアは10歳代のときに群論の先駆的な研究を行った天才だ。しかし彼はわずか20歳でこの世を去った。好きな女性をめぐって決闘し、その際に負った腹部の傷が致命傷になった。アーベルは、抽象代数学の「アーベル群」に名前を残した数学者だ。5次以上の方程式は代数的には解けないことを、ガロアに先駆けて証明したが、26歳のときに肺結核で他界した。

菅原は「ガロアやアーベルを見ろ。彼らは若くして死んだ。おまえらも25歳までに何かしなければもうおしまいだ」と学生たちを叱咤激励した。南部が一高に入学した1937年は日中戦争が始まった年だった。同年代の若者の中には陸軍士官学校や海軍兵学校に入学して、軍人を目指す者もいた。「人生25歳まで」の〝格言〟は南部たち一高生の心に切迫感を伴って迫っていた。

陽一郎は深夜には蠟燭を立てて勉強した

人生で最も楽しかった時期

旧制高校生は、大学に進み国家の要職に就くことがほぼ約束されたエリートだ。いささか甘やかされた彼らの中にはいかに授業をさぼり、落第せず卒業するかを競う連中もいた。陽一郎もそんな風潮に少し感化された。1ヵ月間、授業に出席せず、トルストイの『戦争と平和』や『アンナ・カレーニナ』を読みふけった。さぼるときは友だちに代返を頼む知恵も身につけた。

一高のそばには料理屋が少なからずあり、寮住まいの学生たちは夜になるとしばしば店に足を運び、酒を飲んだ。

当時は軍国主義が跋扈《ばっこ》していた時代で、学生は映画を見てはいけない、という決まりもあったらしい。しかし映画が好きになった陽一郎は禁を犯して渋谷の映画館にときどき出かけた。喫茶店に最初に入ったときはコーヒーの飲み方がわからず往生した。晩年になって南部は「あの時期が人生で最も楽しかった」と感情を吐露している。陽一郎にとってはかけがえのない青春の時だった。

少々スキも出て、陽一郎は熱力学の試験で失敗し単位を落とした。不規則性の程度を表すエントロピーの概念が理解しづらかったせいだ。だが全体としてみれば成績は悪いはずもなく、入学直後、最前列だった陽一郎の席は次第に後ろのほうへと移動していった。

湯川秀樹の中間子論

そろそろ湯川秀樹に登場してもらおう。南部が東京の一高に入学した1937年より少し前、湯川は世界を大騒ぎさせる野心的な新説を発表していた。中間子論である。

原子番号が２のヘリウム原子を見ていただきたい。この原子の原子核は陽子と中性子が２つずつ集まってできている。このうち中性子は電荷を持っていないからどの粒子とも引き合おうとしない。また陽子はプラスの電荷を持っているから互いに反発しあう。

つまり電磁気力で考える限り、中性子と陽子は原子核としてまとまっていられるはずがないのに、実際には強い引力が働きバラバラには決してならない。そのわけは陽子どうしや中性子どうし、さらに陽子と中性子の間に「強い力」が働いているからだ。陽子と中性子は核子と称され、
強い力は「核力」あるいは「強い核力」とも呼ばれた。

強い力の大きさは、電磁石や電気モーターの力となる電磁気力の１００倍ほどもある。このためヘリウムの原子核は、プラスの電荷で陽子が反発しあっても一つの塊として存在しつづけられる、というわけだ。

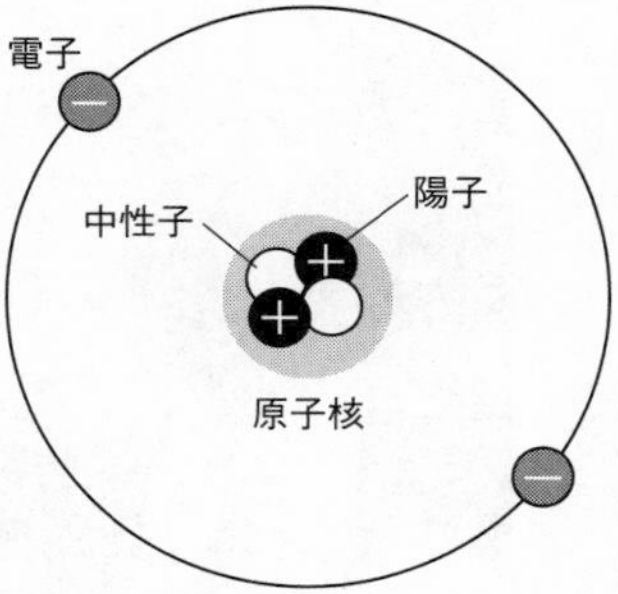

ヘリウム原子

強い力は中間子のキャッチボールで生まれる

では強い力はどのようにして生まれるのだろうか。これ

湯川秀樹
(Science Photo Library/アフロ)

について大胆な新説を唱えたのが日本の湯川秀樹だった。湯川は1934年に中間子論を提唱。翌1935年には「素粒子の相互作用について」と題した英語の本格的な論文を発表し、中間子という新しい素粒子の存在を「予言」した。

湯川はこの理論で「陽子や中性子は中間子をキャッチボールすることで力を及ぼしあっている」と主張した。中間子の質量は電子の数百倍と想定された。この時代はアインシュタインの特殊相対性理論とヴェルナー・ハイゼンベルクらの量子論を統合した「場の量子論」がジワリ台頭していた。湯川理論は、場の量子論を土台としたものでもあった。

だが当時は、物質の究極の単位とされる素粒子は陽子、中性子、電子の3つだけというのが学界のコンセンサス。しかも中性子は1932年に見つかったばかりで、学界は「素粒子は3つでもう十分」「これ以上、素粒子と呼ばれるものを増やしてくれるな」という雰囲気で満ち満ちていた。

現代でこそ中間子はさまざまな種類が見つかっており、湯川の提唱した中間子はパイ中間子やパイオンと呼ばれている。だが中間子論は発表当時、学界の空気を乱し逆らうものとして、ただならぬ波紋を広げたのだった。

その頃、湯川には朝永振一郎《ともながしんいちろう》というよき友人でもあるライバルがいた。中間子論は、朝永に負けたくない思いの湯川が放った渾身の一作だった。

物理学ことはじめ

湯川秀樹と朝永振一郎

湯川と朝永は驚くほど似たような人生を歩んだ研究者だ。ともに東京生まれで湯川は１９０７年、朝永は１９０６年の生まれ。父親はともに京都大学の教授を務めた。

父親の転勤で京都に移り住んでからの二人はもっと接近する。京都府立京都第一中学校でも第三高等学校でも、京大理学部物理学科でも彼らは同級生として過ごし、１９２９年に卒業したあとはともに理学部の無給副手として大学に残った。湯川にはその後、転機が訪れた。彼は湯川スミと結婚して湯川家の婿養子となったのだ。湯川のそれまでの姓は小川だった。

こうして二人は研究者として武者修行の時代に入る。朝永は理化学研究所の仁科芳雄に見込まれ仁科研究室の研究員となった。これに対し湯川は京大で講師となったあと、大阪大学に移った。好敵手でありながら湯川と朝永は頻繁に手紙を出し合い、研究の状況を伝え、意見を交換していた。湯川の中間子論については、朝永が１９３３年に湯川に送った手紙が大いに役立った、とされている。

朝永振一郎（TopFoto/アフロ）

幻のパイ中間子発見

湯川の中間子論にはすぐに追風が吹いた。1936年に、米国の実験物理学者カール・アンダーソンらが宇宙線の中から、湯川が予言したパイ中間子と質量が酷似する新粒子を発見。世界は「湯川粒子の発見か」と大騒ぎになった。

もっともこの粒子はやがて中間子ではないことが判明した。正体は電子の仲間のレプトンで、のちにミュー粒子やミューオンと呼ばれる粒子だった。ミュー粒子は、電子と同じマイナスの電荷を持ち、質量は電子の約200倍。透過性に優れるこの粒子は、のちにエジプトのピラミッドなどの観測で使われ有名になった。

話を戻そう。この事件で湯川秀樹の名前は世界にとどろき、さらに1947年に本物のパイ中間子が宇宙線から発見されると、その2年後にはノーベル賞を受賞するにいたった。日本人として初のノーベル賞受賞である。

レプトン

物理学ことはじめ

電子とミュー粒子はレプトンと呼ばれる素粒子に分類される粒子だ。語源は「軽い」を意味するギリシャ語。強いて日本語に直すときは「軽粒子」と呼ばれる。

クォークとレプトンは「世代」という概念によって3つのグループに分類されている。レプトンの場合、第1世代の粒子は日常の生活でもなじみのある電子。第2世代は質量が電子の約200倍あるミュー粒子。第3世代のタウ粒子は最も重く、質量は電子の約3500倍もある。

日本の小柴昌俊が超新星爆発によって放出される粒子を観測して、著名な存在になったニュートリノもレプトンの仲間でやはり3つの世代（電子ニュートリノ、ミューニュートリノ、タウニュートリノ）がある。

湯川の京大を目指さず東大へ

高校の最終学年の3年生になると生徒たちは有無をいわさず将来の選択を迫られる。南部はどのように進路を決めていったのか。心のうちでは次のような思案をしていたらしい。

一高に入学したのだから東大に進むのがまあ自然だろう。文科かサイエンスかというと自分がサイエンスに向いているのはほぼ明白だ。なら得意な数学の道を歩むのか、それとも湯川が名声を放つ素粒子物理学なのか。

しかし数学は抽象的すぎて、今一つ好きになれない。自分の一生を数学に費やしたくはない。やっぱり僕は物理が向いているのだろうか――。

学校や寮では友人がいつも物理の議論を熱心にしていた。南部も彼らに加わった。南部はこうやって物理への親近感やあこがれを少しずつ強め、理学部物理学科への進学を決めた。

南部が旧制一高に入学したのは1937年、昭和12年のことだった。幻の湯川粒子発見によるフィーバーはその1年前に起きているから、南部は遅くとも旧制中学の4年生のときには「日本の英雄　湯川秀樹」の名声を耳にしていたことになる。

もっとも湯川との距離は大きかった。湯川は、南部が3年生になった年に阪大から〝母校〟の京大に教授として呼び戻されていた。もし湯川にこだわるなら、南部は京大に進学しなければならないが、当時の南部はそこまで明確な目的意識を持っていなかった。

この時代、東大には素粒子物理学の講座は存在せず、強いのは固体物理学などの物性論のほうだった。しかし〝回り道〟をして東大で物性物理学を学んだことが、将来に米国での南部の飛躍につながるのだから人生は面白い。

天才でない者は去れ

1940年、南部は一高を卒業し、東京・本郷にある東京帝国大学理学部物理学科に進学した。南部は一高寮を出て、福井県の県人寮（輔仁会）に移り住んだ。

大学に通い始めてまもなく南部はショックを受けた。東大には素粒子物理学を講じる教官が一人もいないことを知ったのだ。当時、量子力学はほぼ完成していた。だが東大は湯川がいる京大と比べると明らかに時代に取り残されていた。保守的なこの大学は素粒子物理学に対応しようとする態度は希薄で、講義では古色蒼然とした古典物理学を教えていた。

卒業年次の3年生になると、南部は落合麒一郎教授のゼミに入った。しかし「素粒子物理学をやりたい」と希望を伝えたところ、「あの学問は、お前たちみたいに天才でない者がやるものじゃない」といなされた。

しかし南部たちはこれにめげず、素粒子や原子核分野の論文を一緒に読み始めた。南部グループの中にはのちに京大で湯川研究室に入り、宇宙物理学の研究で頭角を現す林忠四郎《ちゅうしろう》もいた。

ちなみに南部は師弟関係を形成しがちな日本の研究者とは異なり、生涯にわたって、師匠筋にあたる先達を持たなかった人物だ。習うことがあれば友人や同僚から教えてもらった。

南部が大学2年生となった1941年12月に日米戦争は始まった。そんな戦時下の大学で南部たちはハイトラーの『輻射の量子論』やファウラーの『統計力学』を読みあさった。当時は教科書を違法コピーして粗雑な表紙をつけた海賊版が出回っていた。違法コピーの束に赤色の表紙をつけた本を学生たちは「赤本」と呼んでいた。とくにドイツ系米国人で高名な理論物理学者であるハンス・ベーテの「赤本」は有名だった。

仁科・朝永セミナーに活路

知的好奇心が学内では満たされない南部たちは学校の外に活路を求めた。当時、東京・駒込にあった理化学研究所で開催されていた「仁科・朝永合同セミナー」である。仁科とは「日本の現代物理学の父」と称される仁科芳雄。欧州に渡りニールス・ボーアらのもとで量子論を学んだあと理化学研究所に戻り、当時、最先端の加速器を完成させていた。

朝永とは朝永振一郎のこと。彼は1932年、仁科に熱心に勧誘されて京大から理研の仁科研究室に加入。その後、欧州留学を経て、東京文理科大学（のちの東京教育大学や筑波大学の前身）の教授に就いていた。

東大がある本郷から、理研がある駒込まではたかだか数キロ。若者の足なら歩いて行ける距離だ。南部たちはセミナーの教室に着くと、後ろのほうにおとなしく座り、仁科や朝永らの講義をむさぼるように聞いた。若者たちの精神的な空腹は少なからず満たされた。

朝永はセミナーでしばしば「坂田からの手紙」を紹介した。坂田とはのちに「ハドロンの複合モデル」で名を知られる坂田昌一のことだ。湯川が中間子の存在を主張した4つの論文のうち、坂田は共著者として3つの論文に名前を連ねたほどの切れ者で、当時は名古屋大学教授に就いたばかりだった。

卒業そして技術将校へ

1942年9月、南部たちは通常より半年早く2年半で大学を卒業させられた。太平洋戦争のとばっちりだ。彼らが学んだ当時の大学は現代では大学院の修士課程（前期博士課程）に相当する。だが当時は、卒業論文の制度はなかったらしく、試験に通れば、あっさり卒業となった。そして南部は陸軍に召集された。東大は戦争が終わり大学に戻ってくれば嘱託とする約束をしてくれた。

しかし南部は軍隊への入隊前に不運に見舞われた。当時、大学や専門学校の卒業生には陸軍や海軍の幹部候補生になる資格が与えられていた。南部も、いずれ召集されるなら、と卒業前に幹部候補生試験を受けた。だが南部はどうしたことか不合格となった。

一兵卒として陸軍技術本部に徴兵された南部は塹壕掘りから始めなければならなかった。1年間の下積みの後、やっと将校になる試験に合格し、立川にあった多摩陸軍技術研究所に配属された。技術将校として日米戦争のゆくえを左右するレーダーの開発をするのが主要任務だった。

海軍秘密文書を入手せよ

戦火が首都圏に及びはじめたため、研究所は南部の着任からしばらくあと、兵庫県の宝塚に疎開した。正式名称は多摩技術研究所宝塚出張所。陸軍は宝塚の逆瀬川にあった横浜正金銀行（のちの東京銀行）のゴルフクラブを接収して研究所に転用した。

南部は技術情報の収集任務を命じられた。大阪大学などの関西圏の大学や、松下電器産業（現・パナソニック）、早川電機工業（現・シャープ）などの民間企業を訪ねて情報を集めたり、研究会を開いて意見を交換したりするのだ。工場をめぐりもした。要は陸軍と産業界の間の連絡官だ。

研究会には長老格として、大阪大学の岡部金治郎が参加していた。岡部はレーダーに使用可能なマイクロ波を発生するマグネトロン（発振用真空管）を1927年に世界に先駆けて開発した著名な研究者だ。

理論の分野からは伏見康治や内山龍雄《りょうゆう》らが研究所に出入りしていた。この頃、南部は20歳過ぎの若造に過ぎない。しかし大学の先生たちは南部をたて「南部中尉殿」と呼んでくれた。

その頃、朝永振一郎は静岡県島田市にあった海軍の技術研究所に協力していた。陸軍が南部たちを使ってレーダーを開発していたのと同様に、海軍もレーダー開発に乗り出し、朝永がこれに巻き込まれた。

海軍の動きは陸軍の研究会にも伝わってきた。その中には捨て置けない情報も入っていた。ドイツのヴェルナー・ハイゼンベルクが考案した散乱行列（S行列）の理論を応用して、朝永が導波管の新理論をつくったというのだ。導波管はレーダーの電波をアンテナに導くための重要部品。事実なら陸軍は海軍に大きな遅れをとる。

こうして南部に無理難題が降ってきた。朝永の新理論をまとめた海軍の秘密文書を手に入れてこい、というのだ。極秘の文書だった。しかし持つべきは研究者のネットワークだった。南部が、ある学者の元へ行って用件を伝えると、彼はあっけなく問題の文書を渡してくれた。陸軍と海軍に垣根はあっても、研究者はさほど秘密にこだわっていなかった。

智恵子と出会い恋愛結婚

宝塚は南部が人生の伴侶と出会う大切な場所となった。少し驚かれるかもしれないが、南部は宝塚の研究所で飛田《ひだ》智恵子と出会い、恋愛結婚した。しかも終戦を待たずに。二人がどういう経緯で結ばれたのか。そのなれそめを、長男の南部ジョン潤一が母親（智恵子）から聞いた話などをもとに書き進めてみよう。

二人の交際は、宝塚の研究所で料理や事務の手伝いをしていた智恵子が、東京からやってきた一風変わった南部中尉に一目惚れしたことから始まった。軍人が羽振りを利かせた当事の日本社会では、陸軍中尉といえばとてつもないエリートで畏怖すべき存在だった。しかし南部中尉は違った。彼は少しもいばらず智恵子にも優しく接してくれた。

彼は、つい最近、少尉から中尉に昇進したらしく、自分が中尉だということを忘れてしまうことがあった。席を離れてトイレに行く許可を上官に求める際にも、ときどき「南部少尉はこれから厠《かわや》に行って参ります」と言い間違えていた。

智恵子はこのように軍人らしからず、戦時下の息苦しさを感じさせない南部に好印象を抱き、惹かれるようになった。会話を少しかわしてみると考え方はとてもリベラルだった。外見はやや頼りなげだが、理不尽なできごとにやすやすと屈しない芯の強さも感じられた。周囲に聞くと彼は東大で物理を研究していた学者の卵だった。二人はどうやら同じ年に生まれたようだった。

智恵子は阪神電車沿線、兵庫県尼崎市の武庫川の近くで生まれ、その後、大阪の豊中で育った。宝塚の研究所で働いていたのは神戸女学院を卒業したあとの、22歳か23歳の頃だった。彼女の年齢を少し気にした母親から「もうそろそろ結婚したら」と見合いを勧められたがその気にならず独身を通していた。

受け身だった南部中尉

潤一によると彼女の祖父は石炭のブローカーだった。そうした縁で持ち込まれた見合いの相手はビジネス畑の人だった。しかし商売人は智恵子の好きなタイプではない。研究所に現れた南部の方がよほど知的で自分に向いていると思えた。

智恵子は背が高く目鼻立ちはすっきりしていて美しく聡明な女性だった。宝塚歌劇のスターのように南部には見えたかもしれない。南部がのちに米シカゴ大学の教授となったあと、南部の家を訪ねてきた日本の若い研究者たちも同じ印象を持った。

智恵子は自分の考えをしっかり持っていて好き嫌いがはっきりとしている女性だった。気の強さが表に出ることもあるのだが、こんな彼女を南部もどうやら気に入ってくれたらしい。

だが問題があった。この種のことがらに総じて奥手で受け身の南部中尉は思いをなかなか明かさず、彼女にアプローチしてくれなかったのだ。うかうかしていると母親や親類からそのうち、また見合い話が出てくるかもしれない。ここにいたって智恵子は心を決めた。「私のほうから動かないとだめみたい」と。潤一が何度か、智恵子から聞かされた話である。

新居は新妻の実家

このあと、陽一郎と智恵子がどんな会話を交わし、どのように将来を語り合ったかについては、潤一は語っていない。しかしその頃にはもう智恵子を好きになっていた南部が彼女の思いを拒むはずもなく、二人は「善は急げ」とばかり結婚へと向かっていった。

ほぼ同じ〝証言〟は、東大教授や京大・基礎物理学研究所長を務めた江口徹からも聞くことができた。江口は、1970年代に米シカゴ大学で教授をしていた南部のもとに留学し「南部の一番弟子」と呼ばれた英才。江口の妻は智恵子ととても仲良しで、二人は夫たちより親しい仲だった。

江口の回顧談によると、智恵子は「私のほうからほれた」「彼はハンサムでかっこよかった。人間としてもそう」と、ときどきのろけていた。軍服を着た細身の南部が軍靴を履いて、コットンコットンと音をたてて宝塚の研究所の廊下を歩いてくる。「その音が素敵で心地よかった」とも智恵子は語っていた、という。

戦局次第では軍人の南部が命を失う可能性は大いにあった。だが智恵子も南部も結婚をためらわなかった。新居は大阪府豊中市にある智恵子の実家と決めた。南部は宝塚・逆瀬川の下宿を引き払い、飛田の家へ移り住んだ。

だが悲しくいたましいできごとも起きた。結婚からまもない１９４５年７月19日の深夜、１００機以上にのぼるＢ29の大軍が両親や祖父母が住む福井を襲った。死者が１５００人あまりにのぼった福井空襲だ。南部は多くを語らないが、南部研究室で学んだ研究者マドハスレー・ムカジーによると、この空襲で南部の祖父母は命を奪われた。南部が育った赤い屋根の家も焼けてしまった。

潤一によると、父の陽一郎はこの日の夜、胸騒ぎを覚えたのか、飛田の家の畑に出ていたらしい。すると空からＢ29の編隊が北の方向に向かって飛んでいく音が聞こえてきた。「あの部隊は今夜、どこに行くのだろう。頼むから福井の方には行ってくれるな」。こんなささやかな願いを踏みにじるかのように、福井はその夜、爆撃を受けた。

1980年に撮影された南部夫妻

第１章　引用・参考文献

『ほがらかな探究　南部陽一郎』（福井新聞社、２００９年）

ノーベル物理学賞受賞記念講演「私が歩んできた道」（南部陽一郎、２００９年５月13日、大阪大学）

「南部陽一郎が語る　日本物理学の青春時代」（南部陽一郎、Ｌ・Ｍ・ブラウン『日経サイエンス』１９９9年3月号）
「基礎物理学―過去と未来―」（南部陽一郎、京都大学基礎物理学研究所での講演、２００5年11月7-8日）
「戦後の素粒子論の発展と今後の展望」（南部陽一郎、京都大学基礎物理学研究所での講演、１９８９年12月）
『素粒子論の発展』（南部陽一郎、岩波書店、２００９年）
「素粒子物理学の予言者　南部陽一郎」（Ｍ・ムカジー『日経サイエンス』１９９５年４月号）

第２章　東大理学部３０５号室の住人

実験室を住みかに

長い戦争がやっと終わった。「将来はどうなるのか」。南部は不安にさいなまれた。だが幸いにも東大は約束を守ってくれた。物理学科に戻ってこい、と声をかけてくれたのだ。１９４６年の春、宝塚の研究所の閉鎖事務を終えた南部は智恵子を実家に残し、単身で東京へ向かった。

上京してしばらくの間は、電車で東京・本郷の東大キャンパスに通った。教室は復員者や帰還者、学生でごったがえしていた。だがまもなく南部は「通学」を断念した。満員の車両に乗るだけで疲れ切ったからだ。

生活は悲惨だった。いつも空腹だった。教授から助手、嘱託にいたるまで最大の関心は毎日、どうやって食べ生きていくかにつきた。もし余裕があれば、ようやく、その力を勉強や研究にふりむけた。

南部が新たな住まいと決めたのは東大理学部1号館にある305号室と呼ばれる広い実験室だった。ここに住めば電気代もガス代もかからない。わざわざ帰宅するより、大学で煮炊きして寝泊まりするほうがうんとよかった。風呂の水は消火用のものだった。朝は早起きして魚河岸や闇市に出かけ、鰯のような安い魚を買ってきた。しかし冷蔵庫がないので魚は2～3日すると臭くなった。週末には郊外に足をのばして農家を訪ね歩き、売ってもらえるものは何でも手にして帰ってきた。

大学を住みかとしたのは南部だけではなかった。東大理学部では大勢の助手や嘱託がいくつかの部屋を占領して自炊生活を続けていた。南部の普段着は古い軍服だった。靴も軍隊時代のものだった。南部が廊下を歩くと靴がコットンコットンと鳴り、南部がやってきたのがすぐに分かった。

通学しなくなったので、南部には研究や勉強の時間がたっぷりできた。南部は夜になると、空腹に耐えながら精神を研ぎ澄まし勉学に励んだ。同じ部屋の同僚と意見を交わし、隣やその隣の部屋にも出かけ議論を重ねた。若い研究者は日本を占領した連合国軍総司令部（GHQ）傘下の民間情報教育局が設けた図書館にも熱心に通った。お目当ては米国など海外から届けられたばかりで、最新の情報を満載した『フィジカル・レビュー』などの学術誌や『タイム』といったニュース雑誌だった。

眠くなると机の上にムシロを敷いて軍服姿のまま寝た。食糧事情のせいで痩せて骨が出っ張った体に固い寝床はとてもつらかった。風呂の代わりは、水がめの水を使った行水だった。食べ物を探すことと寝ることを除くと、南部は物理を考えることしかしていなかった。

災害避難所のような部屋での生活は貧しく厳しかったが、勉強好き、研究好きの南部にはある意味、理想的な環境だったかもしれない。東大の実験室での寝泊まり生活は3年に及んだ。

南部の畏友、久保亮五

南部が住む３０５号室の隣の大部屋から「あのオンサーガーの問題はね……」と議論する声が聞こえてきた。声の主は当時、東大理学部の助手だった久保亮五《りょうご》。その頃にはもう東大いや日本の物理学界のプリンスとして認められていた研究者である。

久保亮五
（読売新聞／アフロ）

久保は学年では南部の１つ上。久保は一高時代から非常に目立つ存在で、その輝きは大学でさらに増した。物理学科に入学すると彼は「東大に不可欠な人物」とみなされ、物性論グループの後継者として期待されるようになった。

太平洋戦争が始まる１９４１年に久保は大学を卒業した。だが東大は久保を軍隊にとられまい、と早々に手を打った。徴兵されないように、助手にしたり大学院の特別研究生にしたりするなどの対策を講じたのだ。

こうしてプロテクトされた久保の体は安全だった。大学を繰り上げ卒業させられ、陸軍にただの一兵卒として召集された〝雑草〟の南部とは対照的な処遇ぶりだ。久保は東大の寵児だった。

南部がのちに『日本物理学会誌』に寄せたエッセー「私の知っている久保亮五さん」によると、久保は南部にとって、いつも気になる存在だった。「世の中には自分が無視しようとしても無視できぬ器の大きな人物がいる」。久保はそうしたたぐいの畏友だった。

物理学ことはじめ

物性物理学

素粒子物理学や宇宙物理学とともに物理学を構成する三大科学の一つ。物性は「物質の性質」を縮めた言葉で、半導体や金属、超伝導体などありとあらゆる物質の巨視的な性質を、ミクロレベルから解き明かそうとするのが物性物理学だ。

電気伝導や熱伝導などの基盤的な法則とされる久保亮五の線形応答理論は物性物理分野の果実の一つ。太陽電池や液晶、有機EL（エレクトロルミネッセンス）も物性物理の対象だ。水が氷に変わったり、電気を通さない絶縁体が電気抵抗ゼロの超伝導体に変化したりする相転移もこの範疇だ。

イジングモデルで腕試し

ところでオンサーガーとは誰なのか。なぜ隣の部屋の久保グループはあれほど熱した議論をしているのか。そのわけは南部と同室の岩田義一が説明してくれた。夜になると３０５号室にたむろしている学生や復員兵はいなくなる。部屋に残るのは南部と助手の岩田だった。

岩田によるとオンサーガーとはノルウェーのラルス・オンサーガーのこと。彼は難攻不落とされた「２次元のイジングモデル」で厳密な解を得ることに成功し、第二次世界大戦中の１９４４年に米物理学会が発行する学術雑誌『フィジカル・レビュー』に論文を掲載していた。

戦後になって彼の論文はようやく日本に届き、久保を驚かせた。日本の物性論のリーダーたる久保には、これは無視できない重大な論文だ。だから彼は隣室で熱い議論を交わしていたのだ。

物質の中には〝まめ磁石〟がいて、当初は互いにバラバラであちらこちらを向いている。しかし温度が低くなると、隣どうしで相互に影響を及ぼしあって向きがそろい、全体として磁性を持つようになる。このようにして磁性が生まれる様子を数学的に表現したのがイジングモデルだ。しかし原子がひものように並んでいる１次元モデルではひとりでに向きがそろう自発磁化は説明できなかった。ならば、と原子が平面のように縦横に広がっている２次元モデルで謎に挑み、メカニズムを解明したのがオンサーガーだった。

好奇心を刺激された南部は、腕試しの気持ちでイジングモデルの勉強を開始した。数学には少々、自信があった。そして南部はある日、オンサーガーよりもっと簡単に解を導き出す方法を思いついた。天性のひらめきである。1947年春のことだった。

関心はイジングモデルからラムシフトに

イジングモデルは南部にとって「最初にうまくいった仕事」となった。だが南部は、論文を書こうとしなかった。イジングモデルがあまりに数学に傾斜していて、物理的な意味が把握しづらい点を嫌ったからだ。もっと大きな理由もあった。ほどなく米国から伝わってきたラムシフト発見のニュースに日本の学界は大騒ぎになり、南部もラムシフトに好奇心を奪われてしまったのだ。

これを境に南部はイジングモデルへの関心が消え、ほったらかしにしてしまった。南部の人生にはこのあと、何度かこんな場面が現れる。ある研究テーマでせっかく大きな成果を出したというのに、もっと面白そうなテーマが現れると、目の前の古いテーマからさっさと離れてしまうのだ。

興味が失せれば論文は書かないし、書いても読む人には不親切でぶっきらぼうな書きっぷりで、深掘りもあまりしない。のちに南部の論文が難解で並の研究者を寄せつけない、と評された理由がこれだった。

中村誠太郎らと翻訳アルバイト

南部はこれから5年もすれば米国に渡り、アインシュタインに会いに行く。その伏線となる逸話をここで紹介しておこう。

南部が住んだ３０５号室の向う隣には中村誠太郎が住んでいた。京大で湯川の弟子だった中村は戦前に東大理学部に移って助手となり、終戦直後は家族と一緒に大学に泊まり込んでいた。中村はその頃に結成された組合の強力なメンバーでもあった。南部のように職が不安定で給与も低い若者の待遇を改善するよう大学当局と熱心に交渉してくれた。そのおかげで、南部は臨時の研究助手のような身から晴れて助手となった。

南部と中村が翻訳したアインシュタインの著書『晩年に想う』

中村は生活力に乏しい研究者や復員者を見つけると、かいがいしく内職を紹介してもいた。そんな中村が南部に持ちかけたのがアインシュタインの書籍の翻訳だった。生活が苦しい南部に異論はない。中村と南部は手分けして、ひまな時間を見つけては翻訳作業を進めた。翻訳には市井三郎も加わった。

時間は少々かかったが、翻訳本はこれからしばらくあと、南部が大阪市立大学に移った頃に日本評論社から『アインシュタイン　晩年に想う』というタイトルで出版された。

木庭と出会い、朝永ゼミに〝参加〟

南部が、朝永振一郎グループと名勝負をやってのけた話をしよう。きっかけは偶然だった。東大の305号室に居住していた南部には木庭《こば》二郎という友人がいた。木庭は毎朝、誰よりも早く登校してきた。机をベッド代わりにしていた南部はそのつど、恐れ入っていた。

木庭は大学の入学年次では南部の1級下だが、年齢は6つも上だった。健康問題で2年休学するなどの苦労をしたが、南部が会った頃には東京文理科大学の朝永の片腕のような存在になっていた。

木庭は研究についていろいろと話をしてくれた。そのおかげで、最初はさっぱりわからなかった朝永理論がどんなものか、南部にも少しずつ見当がついてきた。木庭の口からは「超多時間理論」「くりこみ理論」「ラムシフト」といった専門用語がこぼれ出ていた。

これが縁で南部は朝永が東京文理科大学で1947年春にスタートさせた朝永ゼミにも〝参加〟し、末席で静かに講義を拝聴するようになった。そうこうしているうちに南部は胸躍るニュースを知った。1947年、米国のウィリス・ラムらが、水素原子が持つ電子のエネルギー準位がわずかにずれる奇妙な現象を実験で発見したのだ。

当時の理論によれば、量子状態の電子は複数の軌道に属するが、そのうち2つの状態はまったく同じエネルギーを持つことになっていた。だがラムたちの実験はこれを覆した。電子の2つの状態には明らかにエネルギー差があった。この現象はラムシフトと呼ばれていた。

朝永のくりこみ理論

朝永という偉大な研究者を語る上で欠かせないくりこみ理論にも触れておこう。朝永がくりこみ理論を発表したのは1947年のこと。終戦直後に湯川らが創刊した英文の論文誌『プログレス』においてだった。当時、世界では「場の量子論」が勢力を拡大していた。宇宙や自然界では粒子が時々刻々、生成したり消滅したりしている。その挙動を解明するのに場の量子論は大いに威力を発揮した。

だが、この理論では計算中に無限大の自己エネルギーがあちこちに発生して研究者をしばしば悩ませた。たとえば電子が光子を放出・吸収することによって、自らに電磁力を及ぼして質量を増加させ、無限大の質量を獲得してしまうという奇妙な〝現象〟である。

電子の質量は実験でしっかり固有の量を測定できる。しかし理論で電子の質量を計算すると無限大という結果が生じるのは困った問題だった。だが、くりこみ理論は無限大のエネルギーを巧みに消し去り、難題をクリアすることができた。くりこみ理論を組みこんだ場の量子論は現在、素粒子物理学の標準理論に欠かせない存在となっている。

物理学ことはじめ

場の量子論

素粒子が空間の各点で、泡風呂の泡のように生成したり消滅したりしている、という考え方に基づく理論。たとえば加速器の実験で電子と陽電子を衝突させると、クォークと反クォークが誕生することがある。電子・陽電子とクォーク・反クォークはまったく別種類の素粒子だ。電子たちはどこに消え、クォークたちはどこから現れたのか。

この疑問に合理的に答えるためにつくられたのが場の量子論。「場の理論」や「量子場の理論」とも呼ばれる。

自力でラムシフトを計算

水素原子のラムシフトに話を戻そう。焦点は電子軌道の準位のズレがいかほどになるか。朝永が率いる約10人のメンバーは全員で計算に取り組み、木庭も参加していた。競争相手は米国のジュリアン・シュウィンガーやリチャード・ファインマンたちだった。

一方、その頃の南部はといえば、ただの助手。現代の大学では、博士号を取得したものの安定した地位につけていないポスドク（博士研究員）への支援が課題とされているが、南部はまだ博士号さえ取得していない研究者の卵だった。

だが、そんな南部が朝永グループを驚かせる行動に出た。ラムシフトをめぐる日米の熱気に動かされたのか、自力でラムシフトの計算を始めてしまったのだ。南部の手勢は大学で同学年だった小野健一ただ一人だった。計算をするための紙も乏しかった。南部はどこからか手に入れたレジの巻き紙のようなロール状の紙の上に小さな数字を書き込み、小野とともに計算に明け暮れた。

朝永グループと名勝負

10人対２人。南部が数学が得意だからといって、これでは勝負にならないはずだ。だが南部は意外に善戦した。１９４７年秋に京都で開催された日本物理学会のシンポジウムで、南部は朝永グループと同時に研究成果を発表できたからだ。南部は10分間の講演の時間をもらった。生まれて初めての学会講演は、要点を書き込んだ大きなビラのような紙を使って説明するものだった。

一方、朝永は発表の中でくりこみの仕組みを精緻に説明、会場にいた南部をうならせた。朝永はこの頃、彼の代名詞となるくりこみの手法をほぼ完成させていた。

学会のあとも競争は続いた。南部は朝永のくりこみ理論を勉強して計算を進め、水素原子のラムシフトの数値を「1019MHz」と記した論文をしばらくあとに書き上げた。軌道のエネルギー差は、電子軌道のエネルギー差に相当する電磁波の周波数によって示されている。

論文は湯川の英文論文誌に投稿。論文掲載号は1949年の年初に発行された。現在ではラムシフトの数値は1057MHzほどだとされており、ここまでをほぼ自力でやり遂げた南部の頑張りには目をみはるものがあった。南部の実力を朝永が認めたのは間違いなくこの時期だった。これを機に南部と朝永の距離は物理的にも心理的にも近づいていった。

物理学ことはじめ

ラムシフト（Lamb shift）

ラムシフトは、水素原子で電子のエネルギー準位がずれる奇妙な現象。米国のウィリス・ラムらが1947年に突きとめたので、発見者の名前を冠してラムシフトと呼ぶ。水素原子の電子は2S軌道と2P軌道に属するが2つの軌道にエネルギー差はないとされていた。だがラムたちは2つの軌道に微妙なエネルギー差があることを核磁気共鳴実験で突きとめた。

この発表を受けて日米の有力研究グループが2つの軌道間の厳密なエネルギー差をめぐって計算競争を開始。先行したのは米国のファインマンで1948年に論文を発表した。

一方、日本の朝永グループの発表は1年後の1949年と少し遅れた。しかしくりこみ理論を使ってより正確な計算を施した朝永は、1965年のノーベル物理学賞を米国のシュウィンガー、ファインマンと共同受賞した。

武谷三男がやってきた

〝実力者〟の木庭や中村にはしばしば来客があった。武谷三男《たけたにみつお》や渡辺慧《さとし》である。武谷は京都大学の物理学科を卒業したあと、湯川グループに入り坂田昌一とともに中間子論研究を支えた研究者だ。またマルクス主義の色彩が強い反戦雑誌『世界文化』に載せた文章などのせいで過去、2度も検挙された点でも名前が知れ渡っていた。

渡辺は南部が東大の学生だった頃に講義をしてくれた教官で、海外で学び国際結婚もしていた。こんなハイカラな渡辺の考え方と、当局に検挙されて半年も拘束された武谷のイデオロギーはまるで違った。しかし二人が一緒にやってきて議論を始めると、なぜか話はかみあって面白く、南部はついつい火の出るような会話を間近で聞き、刺激を受けた。

とりわけ南部は武谷がその頃から唱えていた哲学に強い影響を受けた。武谷によると「物理学、とくに素粒子物理学は3つの段階の繰り返しによって発展する」という。「坂田・武谷哲学」ともいわれるこの哲学の概要はこうだ。まず新しい現象が見つかり、研究者たちはデータを集めてある種の規則性を突きとめる。次の段階ではモデルを組み立て、それが正しいか否か検証する。正しければそのモデルは理論と呼んでいいだろう。そして理論に基づき正確・精密な予言をするのが3番目の段階だ。

南部は「私が坂田の哲学から受けた多大なる影響というものを告白しておかなくてはならない」とする一文を書き残している。

東大から大阪市立大学に

東大理学部に住んで3年あまりが過ぎた1949年の秋、南部は大阪市立大への赴任を命じる辞令を受け取った。大阪商科大学が新制の大阪市大に生まれ変わって理工学部が新たに発足。南部は朝永の推薦で理工学部物理学科（現在の理学部物理学科）に赴任し、理論物理学グループを立ち上げることになった。

その頃、日本は湯川秀樹のノーベル物理学賞受賞で沸いていた。敗戦で失意のどん底にいた日本の人々は湯川の受賞をどれほど喜んだことだろうか。

大阪への赴任は、妻の智恵子と離れればなれで暮らしていた南部にとって歓迎すべきできごとだった。南部は大阪・豊中市にある智恵子の実家から大学に通いはじめた。家の周りには松林や竹藪、畑が広がっていた。村道をたどって神社の近くまで配給米を担いで行き、精米してもらうのは南部の仕事になった。

赴任の前年の1948年には故郷の福井で大地震が発生し、父親の吉郎が勤務先の高校で危うく倒壊する校舎の下敷きになりかねない事件も起きていた。

大阪市立大学理工学部は大阪・梅田近くの北野小学校の校舎を転用したものだった。米軍の爆撃で焼け残った残骸のような校舎を修理・改造したのだ。小学校の校舎はすべてが小さかった。机も椅子もトイレの便器も、ことごとくが小学生サイズで、天井は低かった。床を直したり、校庭にバラックを建てたり。このようにして大阪市大での生活は始まった。

1949年頃の大阪市立大学理工学部。校庭にバラックが見える（提供／大阪市立大学）

「こんな若造で大丈夫か」

その頃の南部グループの顔ぶれを紹介しておこう。トップ

大阪市立大学に赴任直後の南部陽一郎（提供／大阪市立大学）

は南部陽一郎。辞令を受けたときの肩書きは助教授だったが、あっというまに教授になった。助教授はのちに名古屋大学の学長となる早川幸男《さちお》。講師はのちに東大の原子核研究所長を務める山口嘉夫《よしお》。助手は西島和彦と中野董夫《ただお》の二人だった。

南部と西島は、南部が終戦直後に東大理学部で寝泊まりしていた頃に、廊下の向こうの部屋で西島がベッドで寝ていた、という間柄だ。阪大出身の中野も生まれ育ったのは東京で、西島とは都立高校の同級生だった。

南部グループにはガランとした部屋が2つ与えられた。大きな机を2つ並べ書棚を置いた。隣の部屋には大きくて長いソファも据えつけた。そのとき、南部はまだ29歳だった。嘘か誠か、大阪市長から「大学院あがりのこんな若造で大丈夫か」と懸念の声が漏れた、という逸話も残されている。

当時の大阪市大はおカネもなければ設備もなく、ないものだらけだった。大学でとる食事も貧相だった。ひもじさはまだ続いていた。しかし、それでも南部たちは自由を楽しんだ。気をつかわねばならない年長の教授はいない。学生は一人か二人しかおらず講義に時間を奪われることもなかった。教官たちは個人個人で勝手に好きな研究をしていればよかった。「大学にくるもこないも自由だから、南部さん以下、めったに皆と会うことはなかった」「全員が顔をそろえるのは月に一度の給料日だった」と西島は、『日経サイエンス』に回顧談を披露したことがある。

南部の怠け癖が発覚

そんなとき、南部の愛すべき怠け癖が発覚した。南部は１９５１年夏に「素粒子の質量に関する規則」という短いタイトルの論文を執筆した。さほど深みのある論文ではないが、一般にはわかりやすい内容だった。

西島によると、大づかみな中身は「素粒子の質量は何かの何倍である」といったものだった。大阪の新聞社は興味を持ったらしく、大勢の新聞記者が研究室にやってきた。しかし肝心の南部が現れない。助手の西島が南部宅に電話をしてみると「朝、家を出ました」とのことだった。

ところが昼近くになっても南部は登校してこない。しびれを切らした新聞記者たちは取材をあきらめて帰ってしまった。南部がすずしい顔で部屋にやってきたのは夕方近くのことだった。

「今までどうされていたのですか」。西島の問いに南部はバツが悪そうに、電車で梅田に着いたら、ついフラフラと映画館に足が向いてしまった、と白状した。南部の映画好きはよく知られていて、寮生活をした一高時代からの趣味だった。昔の映画館は現在と違って、追い出されることなしに同じ映画を何度も見ることができた。映画館は南部には上等の〝避暑地〟だったことだろう。

のちに南部の新聞記者嫌い、イベント嫌い、集会嫌いはかなり有名になる。大阪市大時代に記者会見から逃避した一件は、その〝端緒〟となる事件だった。

武者修行に現れた小柴昌俊

南部の逃避行には西島のほかにも目撃者がいた。超新星の爆発で発生したニュートリノの観測で、南部より6年早くノーベル賞を受賞した小柴昌俊である。小柴はこのとき、東大物理学科を卒業して大学院に進学したばかり。当時は、大学の壁を超えて1～2ヵ月ほど学生を他の大学で武者修行させる試みが始まっており、東大は小柴を大阪市大に送り出した。


この頃、小柴は東大で頭脳明晰な秀才たちに遭遇して「俺は理論には向いていない」と感じはじめていた時期だった。その疑問は大阪に行ってもっと膨らんだ。研究室では南部はもとより早川、山口、西島、中野らが議論をしていた。だが小柴はさっぱりついていけなかったというのだ。

でも、そこはネアカで陽気な小柴のこと。南部が穏やかな性格で、つきあいやすい人物だと見てとると、南部の内懐に思い切って飛び込んだ。研究では対等の立場ではないが、それ以外では親しく会話をしてもよい、と彼なりの判断を下したのだ。だから南部が事件を起こしたときも、大学院生の〝分際〟でズケズケとわけを問いただした。南部は小柴には「家で仕事をしていた」と言い訳したらしい。

小柴はもっと面白いエピソードも暴露している。ある日、南部が頬にひっかき傷をつくって研究室にやってきた。「南部さん、どうしたんですか」と小柴がわけを聞くと「うちの子どもが最近、ひっかく癖がついてね」と南部は答えた。豊中の妻の実家で一緒に暮らすようになって南部には長男の潤一が誕生していた。潤一という名前は作家の谷崎潤一郎からとったものだった。ひっかき傷はその潤一につけられた、と南部は示唆したのだ。

ところが小柴が次の日曜におもちゃを持って、南部宅を訪ねると潤一はまだ、ゆりかごに入っているような赤ん坊で爪を立てられるはずがない。「じゃあ、爪を立てたのは……。南部さんは具合の悪そうな顔をしていた」と小柴は面白おかしく、南部のウソを暴いてみせた。

智恵子の実家での陽一郎と長男の潤一

伏見の激励でイジング論文執筆

新制大学の発足に伴い東大や京大など旧帝大からは、若手研究者が全国の大学へ教官として派遣された。東大理学部の実験室で同室だった木庭も、阪大理学部の伏見康治教授の研究室の助教授として大阪にやってきた。伏見のグループには助教授として、量子場の理論の専門家である内山龍雄もいた。もうしばらくすると、日本人として初めて現代素粒子物理学の屋台骨となるゲージ理論の論文を執筆する異才だった。

伏見とは、南部が戦中に技術将校をしていたとき以来の再会だった。南部はその伏見から貴重なアドバイスを受けた。東大時代に簡単な解法を見いだしながら棚にあげていた2次元イジングモデルの研究成果を、論文にするよう促され、やっと筆をとったのだ。論文の発表は1950年のことだった。

南部はこの研究によって重要な人物と知り合った。学生時代に、イジングモデルの権威のオンサーガーに学んでいたB・カウフマンだ。なんと彼女はこの頃、米プリンストン高等研究所にいるアインシュタインの助手をしていた。

ベーテ・サルピータ方程式に見る南部のぶっきらぼう

南部が大阪市大で取り組んだベーテ・サルピータ方程式の話をしてみよう。これは複合粒子の営みを相対論的に論じる方程式だ。南部はこの方程式を論文に確かに書き込んだ。しかし式の名前からわかるように、この一件で「功あり」とみなされているのは海外の研究者で、南部ではない。いったい何が起きたのか。南部は大阪市大にやってきてまもない1950年、湯川の中間子論を発展させた研究を試みた。しかし南部の論文を読んだ多くの研究者が不思議に感じたのは、論文の最後に重要な方程式――のちにベーテ・サルピータ方程式と呼ばれることになる――が解説も導き方も応用方法もまったく示さないまま、唐突に記載されていたことだ。

通常の研究者なら、方程式はこんな考え方やプロセスで導くことができる、といった内容を論文にがっちり書き込むものだ。だが南部はそうした途中経過を省略して結論の方程式だけをポッリ、論文の最後に書いていた。

南部の書く論文は理解が非常に難しいとされる。理由はいくつか指摘されているのだが、そのうちの一つは、このように途中の説明を省略してしまうぶっきらぼうさや飽きっぽさだった。

南部は、方程式の美しさに惹かれて研究を始めてみたものの、期待したほどの正しい答えを得られないことに途中で気づいてしまった。それに南部はこの頃、虫垂炎を患い死ぬような思いをしていた。これらが論文をていねいに書かなかったことに対する南部の言い訳である。

奇妙なV粒子現る

この頃の素粒子物理学の最大の話題を紹介しよう。前代未聞の奇妙さでストレンジ粒子とも呼ばれたV《ブイ》粒子だ。ことの始まりは１９４７年。英マンチェスター大学の研究者が霧箱を使って宇宙線を調べていたところ、V字型の軌跡を残すユニークな粒子が見つかった。１９４７年という年は、湯川秀樹が存在を予測したパイ中間子が、気球を使った宇宙線観測実験によって発見された記念すべき年だった。

大阪市大の南部、山口、西島も研究を始めた。そしてこの粒子は「強い力」ではなく「弱い力」によって2つに分裂し、その飛跡がV字に見えたと推測し、「V粒子の対発生説」を提唱した。この説に従えばV粒子は必ずペアで発生し、崩壊して次の粒子へと姿を変えるプロセスをうまく説明できる。彼らは1951年、東大で開催されたシンポジウムで対発生説を発表した。

この研究は南部たちに「我々でも頑張れば、世界で一級の仕事ができる」という自信を与えてくれた。彼らにはかけがえのない財産となったことだろう。現代ではこの粒子は中間子の一種であるK中間子であることが知られている。

南部たちがV粒子の研究をしていた頃、助教授の早川は日本を離れ、米東海岸の名門マサチューセッツ工科大学の夏期スクールに参加していた。実は彼は大阪市大へ赴任まもない5月に旅立っていたのだ。

その頃のマサチューセッツ工科大学にはファインマンがいた。ファインマンとはラムシフトの計算を朝永と競い、ノーベル賞を共同受賞するあのファインマンのこと。若手のマレー・ゲルマンも頭角を現していて、早川は彼らの優秀さを目の当たりにして、さぞ驚いたことだろう。

早川のようにいち早く海外に出ることができた研究者は、宇宙線や粒子加速器から続々と見つかった新しい現象を矢継ぎ早に知らせてきた。日本ではその情報を載せたガリ版雑誌『素粒子論研究』がつくられ、研究者必須の読み物となっていた。

物理学ことはじめ

「強い力」と「弱い力」

「強い力」と「弱い力」とは何だろうか。

湯川理論によれば強い力とは、原子核の中にある陽子と中性子といった核子がバラバラにならないように束ねておく力で、その力は核子がキャッチボールをしている中間子によってもたらされる。強い力は「核力」とも「強い核力」とも呼ばれる。

弱い力は強い力と同様に原子核の中で働く力で、粒子の種類を変える能力を秘めている。たとえば弱い力は中性子に働きかけて「陽子と電子と反電子ニュートリノ」に変える。これはベータ崩壊という現象で、このとき発生する電子がベータ線と呼ばれる放射線の正体だ。

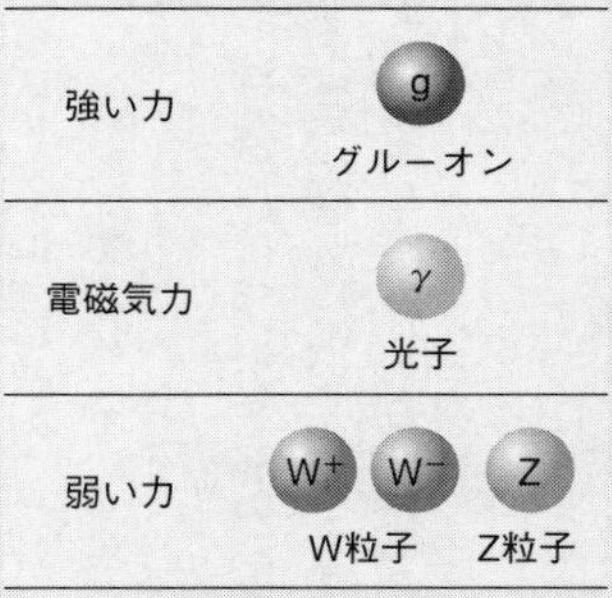

力を伝える粒子

強い力が「強い核力」と呼ばれるのに対応して、弱い力は「弱い核力」と称されることもある。こうした弱い力を伝えているのがW粒子とZ粒子で、どちらも質量が陽子の100倍近くある重い粒子だ。

自然界には強い力と弱い力以外に、電磁気力と重力が知られている。電磁気力は日常生活で目にする電気や磁気に基づく力。この力を伝えているのが光子だ。W粒子とZ粒子と違って光子の質量はゼロ。このため電磁気力は無限の遠くまで伝わる。強い力を伝えるのはグルーオンと呼ばれる粒子だ。

素粒子物理学の精鋭が勢ぞろい

終戦から7年。当時の日本の素粒子物理学を牽引する重鎮や若手の精鋭が一堂に会した写真をご覧に入れよう。前列中央に湯川秀樹と朝永振一郎、後列の右端に南部陽一郎が写っている。朝永の右隣には坂田昌一もいる。これほどきらびやかな研究者がそろうことはそうそうあるまい、と思わせる光景である。

南部がまもなく大阪市大を離れ米国に向かおうとする1952年。京都大学では湯川のノーベル賞受賞を記念して理論物理学研究の中心となる基礎物理学研究所を設立する準備が始まってい

京都大学の基礎物理学研究所設立準備委員会のメンバー（1952年撮影）
前列左から荒木源太郎、湯川秀樹、朝永振一郎、坂田昌一、後列左から尾崎正治、内山龍雄、伏見康治、宮島龍興、武谷三男、中村誠太郎、木庭二郎、谷川安孝、小林稔、南部陽一郎

た。そこで全国の素粒子物理分野の研究者が名を連ねて設立準備委員会が発足。京大の湯川記念館に一同は集まり写真におさまった。

中間子論に限界を感じた湯川はこの時期、素粒子に物理的な広がりを持たせた「非局所場の理論の研究」に注力していた。だが芳しい成果は得られず、戦後の湯川はむしろ核兵器の廃絶などを訴えた文化人としての印象が強くなった。

大阪市大に戻れば教授の南部も湯川グループにまじれば若造扱いされるのはやむをえず、後列の右端でおとなしく立っている姿が印象的だ。京大・基礎研の歴代の所長には佐藤文隆、西島和彦、益川敏英、江口徹らのそうそうたる研究者が就任している。

第2章　引用・参考文献

『素粒子論の発展』（南部陽一郎、岩波書店、2009年）
「南部陽一郎の独創性の秘密をさぐる」（西村肇『現代化学』2009年2－4月号）
「南部さんと始まった研究人生」（西島和彦『日経サイエンス』2009年5月号）
「南部さん、西島さんとの60年」（小柴昌俊『日経サイエンス』2009年5月号）
『ほがらかな探究　南部陽一郎』（福井新聞社、2009年）
「インタビュー　南部陽一郎のよもやま話」（大阪市立科学館研究報告、2009年）
「木庭二郎の生涯と業績」（南部陽一郎『日本物理学会誌』1996年第8号）
「素粒子物理学変革期の南部先生」（吉村太彦『日本物理学会誌』2009年第2号）
「南部陽一郎氏の文化勲章受章に際して」（早川幸男『日本物理学会誌』1979年第3号）
「追悼　久保亮五博士」（『日本物理学会誌』1995年第11号）
「南部陽一郎が語る 日本物理学の青春時代」（南部陽一郎、L・M・ブラウン『日経サイエンス』1999年3月号）
「私の知っている久保亮五さん」（南部陽一郎『日本物理学会誌』1995年第11号）

第3章 天国か地獄か、米プリンストン

西海岸からプリンストンへ大陸横断

1952年夏、南部は日本からあこがれの米プリンストン高等研究所へと旅立った。プリンストン高等研は湯川や朝永も招聘《しょうへい》された世界最高峰の研究所だ。南部はこのとき31歳。博士号はこの年、東大から授与されていた。

物理学の研究で世界をリードする米国で喝采を浴びるような研究成果をあげ、日本に凱旋帰国する。多くの先達たちと同様、南部は心のうちでこんな青写真を描いていた。大阪市大を離れるときに助手の西島にかけた言葉は「ちょっと留守番をしておいてくれ」だったし、大学に籍も残しておいた。

米国への旅で心強かったのは、木下東一郎という相棒がいたことだった。南部と木下は終戦後の東大で、朝永のくりこみ理論をさらに深めるべく一緒に論文を書いた仲だった。その論文を朝

永が評価してくれて、プリンストンへ行くチャンスがめぐってきたのだ。

当時、日本から米国への旅は船以外の手段はまず考えられなかった。朝永のような要人は日本郵船の氷川丸に乗って渡米した。だが南部や木下のような駆け出しの貧乏学者は、10人程度の客を貨物と一緒に運んでいた安価な貨物船を利用した。運賃は片道400ドルほどだった。横浜から西海岸まで12日ほどの旅だった。

カメラをいじって楽しむ南部陽一郎
(『日本物理学会誌』72巻4号表紙　撮影／木下東一郎)

木下が乗った貨物船は8月17日に米西海岸のシアトルに着いた。南部を乗せた別の貨物船は1週間後にサンフランシスコに到着し、二人は合流した。しかし米東海岸のニュージャージー州にあるプリンストン研究所はまだ遠い。これから研究所に行くまでの4日ほどの時間は、〝物見遊山〟を兼ねた大陸横断の旅となった。

二人はまずアムトラックの長距離列車「カリフォルニア・ゼファー」の展望車に乗って雄大なロッキー山脈の景色を心ゆくまで楽しんだ。ゼファーとは西風の意味だ。写真をご覧いただきたい。南部が子供のようにカメラをいじって悦に入っている。これほどにこやかな表情をした南部は珍しい。

南部と木下はデンバーで途中下車して、標高4300メートル余りのエバンス山にある宇宙観測所を訪ねて1泊。次は米中西部の経済・文化の中心地であるシカゴで下車してシカゴ大学のエンリコ・フェルミ研究所（原子核研究所）に足を運び、粒子加速器を見学した。

米国で屈指の名門、シカゴ大学はプリンストンで挫折した南部が〝転校〟していく大学だ。だがこのとき、南部はわずか2年後に自分にそんな波乱の運命が待っている、とは予想もしていなかった。

スターぞろいの研究所

南部と木下が米プリンストン高等研究所に到着したのは、秋の気配が漂いはじめた9月初旬のことだった。二人は研究所の裏庭にある物理グループの建物へと案内された。この建物の2階の部屋が彼らに与えられた研究室だった。二人は「メンバー」という肩書きをもらった。研究所の短期滞在者に与えられる名称である。

高等研究所の研究者は、原則として講義をする義務はない。雑務から解き放たれて自由に研究を進められる天国のような場所だ、と南部たちは最初、聞かされた。南部に与えられた住居はキャンパスの中だった。短期のメンバーはキャンパスの中の住宅で暮らすのがならわしだ。南部が

1950年代当時のプリンストン高等研究所

割り振られた住宅はアルベルト・アインシュタインの家からたった4～5軒先のところにあった。南部はあこがれの天才科学者とご近所さんになった。

米国流の住居は日本人が住むには十分な広さだった。朝食にはメロンがまるまる一つ出た。南部と木下は早速、自動車を買った。終戦後の東大で、実験室でムシロを敷いて寝泊まりした時期とは比べようがないほど豪華な暮らし向きだった。圧倒的でケタ違いの豊かさに、二人は何度も目を見張った。

南部がこの地で出会った大物研究者を紹介しておこう。まず超大物のアインシュタイン。次いで所長のロバート・オッペンハイマー。さらにとても怖いという評判のヴォルフガング・パウリ。もうしばらくすればゲージ理論を発表し世界を驚かせるヤン・チェンニン（楊振寧）や、のちに「クォークの父」と呼ばれるマレー・ゲルマンもいた。これでもか、といわんばかりにプリンストン研究所は世界各地からスター研究者を集めていた。

物理学ことはじめ

プリンストン高等研究所

米東海岸のニュージャージー州のプリンストン市にある世界屈指の名門研究所。ニューヨークとフィラデルフィアのほぼ中間で、利便性の高い地に立地している。約30人の教授陣と短期滞在の200人ほどの研究者で構成されている。

研究部門は自然科学、数学、社会科学、歴史学の４つ。とくに物理学と数学の研究が有名で、フィールズ賞やノーベル賞の受賞者を多数、送り出している。

プリンストン高等研究所は、発足当初、母国のドイツで反ユダヤ主義の波にさらされていたアインシュタインを「研究所の顔」として招聘《しょうへい》することを計画。英オックスフォード大学、カリフォルニア大学との競争を勝ち抜き、アインシュタインを米国に招くことに成功した。

アインシュタインが米国にやってきたとき、「バチカン宮殿をローマから米国に移すぐらいの大事件が起きた」と語られたほどだった。

アインシュタインを追いかけた南部

ともあれ南部があこがれのアインシュタインを訪ねた顛末を書いておこう。

南部は日本にいる頃から、アインシュタインに一度は会ってみたいと思っていた。その思いは高等研に来てみるともっと膨らんだ。何しろ、この地ではアインシュタインがむこうから悠然と歩いている光景に日常的に出くわす。そうすると、たいていの新参者は舞い上がり、スターに憧れるミーハーのようになってしまう。

特殊相対性理論やそれに続く一般相対性理論によって物理学の常識を塗り替えたアインシュタインは、紛れもなく20世紀最高の物理学者だった。ニュートン力学では空間と時間は独立した存在だったが、アインシュタインの相対性理論によって、空間と時間は「時空」として統一して扱われ、重力は時空の歪みとして論じられるようになった。パラダイム（その時代を支配する認識の枠組み）の一大転換である。

自身がユダヤ人だったアインシュタインは同胞がナチスから迫害を受けるのを目の当たりにしてドイツから亡命、もう20年近く米国で暮らしていた。

南部はアインシュタインに会うために知略を存分にめぐらせた。1回目は秘書ルートを使った。この頃、アインシュタインの助手をしていたのはイジングモデルの研究で知り合いになったB・カウフマンだったのだ。

南部はカウフマンに連絡をとり、アインシュタインに会いたい、と頼み込んだ。彼女は「おや、ナンブもほかの人と変わらないのね」と微笑み、30分ほど面会の時間をつくってくれた。あとで知ったことだが、アインシュタインは、望めば誰とでもすぐ会ってくれる気の優しい人物だった。

ただし、アインシュタイン宅への訪問はほどなく所長のオッペンハイマーの知るところとなり、機嫌を損ねることとなった。オッペンハイマーは大切な客人であるアインシュタインに迷惑がかからないように「訪問禁止令」を発していた。これがトラウマになったのかどうか、オッペンハイマーはその後、南部にとってまるで頭が上がらない恐ろしい存在になってしまった。

翻訳本を持ち2度目の訪問

ところが驚くべきことに、南部はプリンストンに在籍している間にもう一度、アインシュタインを訪ねることに成功した。今度のしかけはアインシュタインが晩年に書いた書籍の翻訳本だった。

第2章で語ったように南部は終戦直後に東大に復帰した際、中村誠太郎らとアインシュタイン

アインシュタイン宅の前で記念写真も撮った

南部が撮ったアインシュタイン

の著書『晩年に想う』の翻訳に励んだ。南部はそうして日本で出版された翻訳本と原本の2冊を持ち、アインシュタインを訪ねた。著書を翻訳した者をそうそう邪険に扱うはずはない、というのが南部の読みだった。

南部は2冊のうち翻訳本はアインシュタインに贈呈するつもりだった。しかしアインシュタインは、その意図をくみ取り損ねたのか、日本語の訳本と翻訳前の原本のどちらにもサインをして南部に返してきた。

南部はアインシュタインを〝盗撮〟したことさえある。前ページの写真をご覧いただきたい。身なりにあまりかまわない好々爺が写っている。南部自身が撮影したアインシュタインの姿だ。年齢が73歳の頃だった。

当時、プリンストン高等研究所ではキャンパスの中に住む人々のために、研究所内を走る相乗り方式の車も走っていた。そしてご近所の南部とアインシュタインはその車に乗り合わせることも時々あった、という。

アインシュタインと南部の会話

南部はアインシュタインとどんな会話をかわしたのだろうか。アインシュタインは日本からやってきたまだ初々しい南部に社交辞令の意味も込めて「何を研究している」と問うてくれた。これに応えて南部は「核力の問題です」と答えた。

しかし核力は関心のないテーマだったらしく、アインシュタインは早々に話題を変え、日頃抱いている量子力学への不満や不信を南部に向かって語りはじめた。

「不確定性原理は、物体の位置と速度は同時には確定しないといっている。しかし空の月をみてみたまえ。月の位置と速度が同時に決まらないなどと考えられるかい？」

オッペンハイマー（AP／アフロ）

ハイゼンベルクやエルヴィン・シュレーディンガーによって始まった量子力学をアインシュタインが受け入れていないことは、理論物理の研究者ならほぼ誰もが知っていた。いや真相はもう少し過酷で、アインシュタインは新興の量子力学についていけていなかった。南部も老いた天才の間違いと衰えに早々に気づいたが、彼の量子力学批判を黙って拝聴していた。

アインシュタインを2度も訪ねることができたのは望外の喜びといっていい。しかし、それは憧れの天才が、物理学の進歩について行けず過去の人となったことを知らされるほろ苦い邂逅ともなった。アインシュタインは南部が訪米した3年後の1955年に他界した。

畏怖すべきオッペンハイマー

所長のオッペンハイマーへのあいさつと訪問は南部にとって重要な通過儀礼だった。彼に渡すべき推薦状は、学生時代の教官、渡辺慧が親切に書いてくれた。

初めて会うオッペンハイマーの眼光は鋭く、見るからに切れ者の表情をしていた。原爆開発のためのマンハッタン計画で科学部門のリーダーとして、一癖も二癖もある大勢の科学者たちを束ねた指導力は抜きん出ていた。彼の愛称は「オッピィ」だった。

研究所員は定期的に「いま、私はこんな研究をしています」と所長に報告をすることが求められている。だが、せっかくオッピィと面と向かい合っても、今度は何でも知っていそうな彼が怖くて、南部は何を話せばいいかもじもじしてしまう。

するとオッペンハイマーは「おまえはこれを言おうとしているのだろう」と先回りしてしゃべってしまう。そして5分もすると「もういいから帰れ」という顔つきになり、南部は部屋から追い出されるのだった。

物理学ことはじめ

ロバート・オッペンハイマー

米国の傑出した物理学者。原子爆弾の開発を目指すマンハッタン計画の実行組織であるロスアラモス研究所の初代所長を務めた。このため「原爆の父」と呼ばれる。

おカネに糸目をつけず進められた計画には全米からエンリコ・フェルミ、ハンス・ベーテにリチャード・ファインマン、ジョン・フォン・ノイマンら超一流の科学者、研究者がかり出された。オッペンハイマーの凄みは、自尊心やプライドが高いこれらの人々を一つのチームとしてまとめ機能させた頭抜けた指導力、組織力にある。

しかしオッペンハイマーは戦後に、共産主義者などを公職から追放する赤狩りの標的となった。南部の訪米からまもない1954年には原子力委員会から厳しい査問を受け、事実上の公職追放処分を受けた。オッペンハイマーの後半生は不本意な人生だった。

プリンストンに集った日本の英才たち

南部がプリンストンに到着してからまもない1952年の秋、小平邦彦、久保亮五と南部の3人が、プリンストンの小平邸に集まった。南部の歓迎と慰労が目的だった。

東大で数学に頭抜けた才能を発揮していた小平はこのとき、プリンストン高等研から目と鼻の先のプリンストン大学数学科の准教授となって移ったばかり。久保は南部が訪米する1年前からシカゴ大学の金属研究所で客員研究員として腕を磨いていた。小平はこれから2年後に日本人として初めて数学のノーベル賞といわれるフィールズ賞を受賞し、ほどなく教授へと昇格する。

1950年代早々。米国には日本の研究者たちのコミュニティが小さいながらもできていた。

南部は素粒子物理学で、久保は物性物理学で、小平は数学で、それぞれここからはばたいていった。

湯川、朝永ら日本の大御所は南部より少し前にプリンストン詣でを果たしていた。湯川の場合は1948年。米プリンストン高等研究所から客員教授として招待を受けての渡米だった。所長のオッペンハイマーが湯川を招いた。

湯川はプリンストンに1年ほど居住し、アインシュタインとも散歩や会話を楽しんだ。湯川はこのあと、コロンビア大学教授となって、米国に約5年滞在。この地でノーベル物理学賞受賞の知らせを聞いた。

朝永は1949年に米プリンストン高等研究所に招かれた。しかしプリンストンの雰囲気になじめずホームシックになり、日本の知人に「何だか天国に島流しにされているみたいです」と書き送った。朝永は自動車を運転できなかったので、気晴らしにプリンストンから外出できなかった。それが彼を憂鬱な気分にさせた原因らしい。しかし、それでもプリンストンを「地獄」と書かなかったのは朝永の意地だったのかもしれない。

南部の近未来に起きる苦難

このあと、南部の身に何が起きるのか。先回りして手がかりとなる史料を見てみよう。シカゴ大学時代に南部が門下生の女性研究者M・ムカジーに出すこととなる、なぐさめと激励の手紙である。

当時、ムカジーは少なからず落ち込んでいた。南部研究室に籍を置き、シカゴ大学の大学院を晴れて修了したものの、彼女は研究に行き詰まり、南部に何をどうすべきか相談していた。南部は彼女にあてた手紙の中でこう書いた。

「私自身、高等研究所で（中略）成し遂げたいことができなかった。誰もが私より賢く見えて、私は神経衰弱に陥ってしまいました。当時は、こんな問題をかかえているのは哀れな自分だけだと思っていました」。『日経サイエンス』２０１5年10月号からの引用である。

神経衰弱とは尋常ではないし、南部は手紙のほかの場所では「うつ状態」だったとも書いている。南部はプリンストンで自信を喪失し、へこみにへこんだ。これはとても深刻だ。

もう一つ紹介しよう。こちらは南部が２０１１年に大阪大学で「物理学者の肖像」と題して行った特別講義の記録である。

「プリンストンの2年は私にとって決して楽しいものではなかった。お互いの競争があまりに激しい上、私の考えていた仕事もうまく行かず、気が変になりました」「石川啄木の詩に『友がみな　われよりえらく　見ゆる日よ　花を買ひ来て　妻としたしむ』というのがあります。しかし私はこんな気分にもなれず、妻にあたりちらしたらしい」

愛妻家の南部が智恵子に八つ当たりしたというのだから、南部は冷静さや心の余裕を失い荒れていたのだろう。南部はこれより遠い未来の2008年、ノーベル物理学賞を受賞してシカゴ大学で記念講演をした際にも、プリンストンでのできごとにはまったく触れずにスルーしている。よほどプリンストンを思い出したくなかったのだろうか。

プリンストン高等研究所は研究者の楽園のはずだった。しかし南部陽一郎にとってここは強制収容所のようなものだった。

「核力の飽和性」にプラズマ理論適用

では南部に何が起きたのか。話は大阪市立大学の頃へと遡る。1950年、南部の前に斬新な論文が現れた。米国の理論物理学者デビッド・ボームと、その学生だったデビッド・パインズが著したプラズマの新理論だった。

物質を熱すると原子核の周りにいた電子は軌道から離れて、もとの物質はプラスの電気を帯びた陽イオンと電子が自由に飛び交う状態になる。これがプラズマだ。プラズマは無数の陽イオンと電子が互いに影響を及ぼしあいながら、全体としては一つの集団のように空間を飛び回っている。

ボームたちは論文で、その頃、急速に台頭してきた場の理論を使って旧来のプラズマ理論を発展させ、陽イオンと自由電子が入り乱れるプラズマを、相互作用によって生じる集団運動と、ある種の遮蔽の影響を受けた個々の粒子の個別の運動に分けることができる、と論じていた。

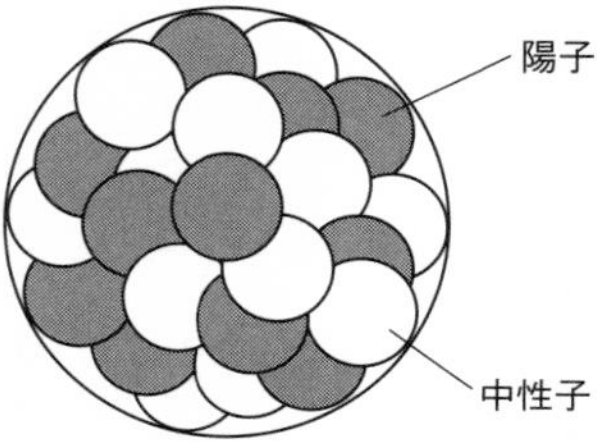

原子核の中に詰め込まれている陽子と中性子

南部は論文を早速取り寄せ、同僚と一緒に新理論を勉強した。この理論はいつか他の問題に応用できる日がやってくるだろう。こう考えた南部は、来たる日のために準備を重ねたのだった。そしてその日はやってきた。プリンストン高等研で南部はいよいよ新しい研究を開始した。木下と共同で、プラズマ理論を原子核の内部に適用し、「核力の飽和性」という重厚なテーマを研究しようとしたのである。

上のイラストを見ていただきたい。原子核の中には陽子と中性子が入っている。そして陽子や中性子の間では中間子が行き来し、放っておくと離れてしまうこれらの粒子を、強い力で束ねている。南部が掲げた「核力の飽和性」の「核力」とは、この強い力のことだ。では核力の飽和性とは何なのか。

それは、陽子や中性子をまとめる強い力は核内の全域の核子に影響を及ぼさず、近くの数個ぐらいの核子にしか作用しない現象をさす。強い力は陽子や中性子が互いに接近したときに働く近距離力である。南部の目には、核内で起きるこの現象がプラズマと同じに見えていた。プラズマは無数の陽イオンと電子による多体現象。一方、原子核の中には、陽子と中性子、さらに中間子によって演じられる多体系の営みがある。だから南部は、核力の問題にプラズマ理論で切り込もうとしたのだった。

何ひとつうまくいかず、南部は絶望

だが南部と木下の共同研究は空回りした。同じ多体問題といっても、電離気体のプラズマと違い、陽子と中性子が詰めこまれている原子核の中では様相がかなり違い、解析は非常に難しかった。

それに、１９５０年代のこの時期は、陽子や中性子がクォーク３個からできた粒子であることはまだわかっていない。ゲルマンがクォークモデルの理論を発表するのは、もっとあとの１９６４年のこと。クォークの存在を抜きにして核力に挑む研究は大胆極まりなかった。

南部は研究所に滞在した2年間の歳月、頭をフル回転させ知恵を絞り出し、新しい切り口を見つけては核力の問題に挑み続けた。だが努力はほとんど報われなかった。やることなすこと、何一つうまくいかず南部は絶望に陥った。

ただ一つだけ、ツメ跡は残した。何はともあれ木下と一緒に

南部は核力の飽和性に一生懸命取り組んだが……

「多粒子系の集団的記述」というタイトルの研究論文を書き上げ、1954年に公表したのだ。

木下は『日本物理学会誌』に「我々は原子核励起などを含む多体問題を場の理論の方法で取り扱うことに興味を持ち（中略）理論を組み立てた」と書いている。しかし「(当時はクォークなどが未発見でこの理論は) 原子核の理論としては不成功であった」とも述懐し、南部との試みが当初の目論見に及ばなかったことを認めている。

物理学ことはじめ

木下東一郎

木下東一郎には量子電磁力学（QED）の分野で傑出した成果が一つある。それは電子の異常磁気能率の理論計算に邁進し、理論値を10ケタという驚異的な精度で実験の計測値と一致させたことだ。素粒子物理の分野でこれほど精密な理論計算に成功した例はほとんどない。

木下はプリンストン高等研究所で2年間を南部とともに過ごしたあと、コロンビア大学を経てコーネル大学で教授に就いた。異常磁気能率の計算は、高性能のコンピューターを数百時間動かし続けるというタフなものだった。

木下はコーネル大学で30年以上の長きにわたり教授職を務めた。米国に定着して成功した、という点では南部と同じような人生を歩んだ、ともいえる。

中野・西島・ゲルマン則が誕生

南部が辛酸をなめていた頃、日米ではほぼ同時に、画期的な法則が見つかっていた。日本の主役は大阪市立大学の西島と中野。南部が率いた理論研究グループの仲間たちだ。彼らは当時、加速器から続々と現れて混沌をもたらしたあまたの新粒子を、「ストレンジネス（奇妙さ）」と呼ばれるようになる新しい量子数を用いて整理することに成功、明確な規則性を見いだした。1953年のことだった。

量子数とは素粒子を区分するために導入されたラベルで、代表的なものは電荷やスピン（角運動量）だ。このほかに原子核では質量数に相当するバリオン数（重粒子数）や、陽子と中性子の類似性に着目して導入されたアイソスピンなどがある。ストレンジネスは文字通り、素粒子がどの程度の奇妙な性質を持っているかを示す量で、陽子や中性子のように早くから知られている粒子のストレンジネスは、ゼロと定められた。

米国でも天才ゲルマンが、ことの真相に迫った。西島と中野が加速器からとめどもなく現れた新粒子と格闘している頃、彼もまた新粒子の群れを整理する法則を考案していたのだ。ゲルマンの新法則を南部が知ったのは、プリンストン高等研に着任してしばらくしたときだった。ゲルマンが南部の部屋を訪ねてきて、自慢の研究成果について熱っぽく語った、という。ゲルマンの興奮は南部にも伝わり、南部は早速、このニュースを古巣の大阪市大の研究グループに伝えた。ところが西島と中野はまったく同じ法則を独自に突きとめていた。大阪市大の理論研究グループに優秀な人材がそろっていたことの一つのエビデンスである。

この法則は学界では当初、ゲルマンの成果として信じられていた。しかし徐々に西島と中野の貢献が評価され、のちに「中野・西島・ゲルマン則」と呼ばれるようになった。

智恵子、潤一と西海岸で合流

プリンストン研究所にやってきて2年目の1953年。南部は木下と自動車を運転して大陸横断の旅に出た。

プリンストン研究所は、1年に月給を9ヵ月分しか支払わない仕組みを採用していて、給料が出ない夏は事実上、休暇に入る。そこで二人は米西海岸のカリフォルニア工科大学（カルテック）にしばらくの間、出かけることにした。所長のオッペンハイマーは親切なことに、旅に必要なおカネを工面してくれた。湯川がプリンストン研究所に滞在したときに使い切れずに残していった資金を回してくれたのだ。

南部と買ったばかりの車。プリンストン高等研究所で

カルテックへの興味は大きかったが、南部にはもっと胸を膨らませる楽しみがあった。南部は妻の智恵子と息子の潤一を米国に呼び寄せ、西海岸のロサンゼルスで合流しようとしていたのだ。潤一はしばらく会わないうちに、ずいぶん大きくなっているはずだった。南部と木下は２台の車を運転して意気揚々と西海岸へと向かった。プリンストンにやってきたときとは逆方向の大陸横断の旅である。

自動車の運転は研究所で世話好きの友人から習ったらしい。だが免許は取り立てで運転技術はあやしかった。案の定、南部はラスベガスのあたりで、どこかに車をぶつけてしまった。目指すのは空港だ。南部は智恵子と息子が乗った飛行機が到着する予定時刻の１時間ほど前に何とか空港に着くことができた。

しかし１年ぶりに再会した智恵子からは「こんなにボコボコでほこりまみれの汚い車に乗りたくない」と早速、文句をいわれた。「今日はどこに泊まるの」と問うた智恵子に南部は「これから探すんだよ」と返した。智恵子はあきれて黙り込んだ。

ジョン・バーディーン
（AP／アフロ）

超伝導ＢＣＳ理論の バーディーンと出会う

プリンストン研究所で2年目の１９５３年に入っても研究は進まず、南部の気持ちは冴えなかった。いや、１年前よりもっとひどくなった。

半面、人脈づくりの面では小さからぬ果実を手に入れた。国際会議やセミナーを通じて、あちこちの大学や研究機関の研究者と知り合いになったのだ。まず南部は高エネルギー物理学国際会議に招かれた。ニューヨークのロチェスターで１９５０年に初回の会合が催されたためロチェスター会議とも呼ばれるこの会議は、素粒子物理学の分野で最も権威のある国際会議の一つだ。輝かしい会合には限られた人物しか出席できない。ところが、若造の南部が幸運に恵まれ出席を許された。オッペンハイマーに会場に連れていってもらった南部は現地で会った有名人の数々に魅了された。

イリノイ大学のＤ・パインズからもある日、招待を受けた。プラズマの理論で著名な彼が、プラズマについて意見を交換しようと南部を招いたのだ。南部がジョン・バーディーンと会ったのはこのときだった。バーディーンは１９４０年代、ベル研究所のウィリアム・ショックレーの研究チームに名を連ね、トランジスタの開発に成功したビッグネームだ。

彼はもうしばらくすると、大学院生のＪ・ロバート・シュリーファーらと電気抵抗がゼロになる超伝導のＢＣＳ理論を提唱するキーパースンでもあった。

バーディーンはＢＣＳ理論とトランジスタの開発でノーベル物理学賞を２度も受賞している。長いノーベル賞の歴史で物理学賞を２回受賞したのは彼だけだ。もっともバーディーンは、聴衆を前にしての講演は大の苦手で、30分ほどしゃべると話すことがなくなり、演壇で立ち往生してしまうことがあった、という。

シカゴ大学のゴールドバーガーと親友に

南部はイリノイ大学に出かけた際、シカゴ大学にも立ち寄った。イリノイ大学とシカゴ大学は車で3時間ほどの場所にあった。南部は当初、シカゴの街に好印象は持っていなかった。だが印象はすぐに覆った。シカゴ大学の理論物理のリーダー、グレゴール・ウェンツェルを訪ねて少し話をすると、彼は親切にも自宅で開くパーティーに招待してくれたのだ。ドイツ生まれで米国に逃れてきたウェンツェルは、量子場の理論の大御所だった。

南部はもう一つの幸運にも恵まれた。シカゴ大学で教授を務めるマービン・ゴールドバーガーがパーティーに出席していたことだ。彼は、満足に論文が書けず次のポストが見つからない窮地の南部を、これから1年後にシカゴ大学に呼び寄せてくれる恩人だ。

波長はよく合った。ゴールドバーガーが南部より1つ年下でほぼ同年代だった。二人が互いに親しみと敬意を抱き、いつか一緒に仕事をしてみたい、と思ったのはこのときだったかもしれない。

グレゴール・ウェンツェル
（京都で南部が撮影）

ゲージ理論との出会い

「自然界のあらゆる力の働き方を定める最高の原理」とのちに称賛されるゲージ理論の噂を南部が耳にしたのは、プリンストン2年目のことだったろうか。

考案者は研究所の〝住人〟のヤン・チェンニンとロバート・ミルズ。聞くところによると彼らの理論は、高等数学の群論を駆使したもので「自然界に存在するあらゆる力を同じ原理に基づいて扱うことができる」という触れ込みだった。

ゲージ理論で扱うゲージ場は、電磁場などの後ろに隠れて目には見えないが、裏ですべてを支配している影の帝王だった。この概念を使うと方程式がきれいに書けるのは、研究者にとって大いなる魅力だった。

ヤンとミルズの新理論は当初、所内では誰も本気にしなかったが、南部は少なからず刺激を受けた。南部は早速、耳にはさんだ情報をもとに、彼なりの考えと方法で理論を書き直しはじめた。しかしゲージ理論は、多体問題という重荷を抱える南部が片手間で扱えるほど軽々しいものではなかった。南部はゲージ理論としばらく格闘したあと、いまの自分には無理だ、とあっさりあきらめた。

物理学ことはじめ

ゲージ理論

「時空の各点で物差しの向きを勝手に変更しても物理法則は変わらない」とするゲージ対称性を出発点にして、あらゆる物理法則を導こうとする数学理論。「ゲージ」とは日本語に直すと「物差し」の意味だ。成功にはいたらなかったが、20世紀初期にドイツのヘルマン・ワイルが、重力と電磁気力の統合を目指したのが最初の試みだ。

ゲージ理論への研究熱は１９５０年代に再燃した。電磁気力だけでなく原子核の中で働く核力も扱えるように拡張した新理論を、ヤン・チェンニンとロバート・ミルズが１９５４年に発表したのだ。

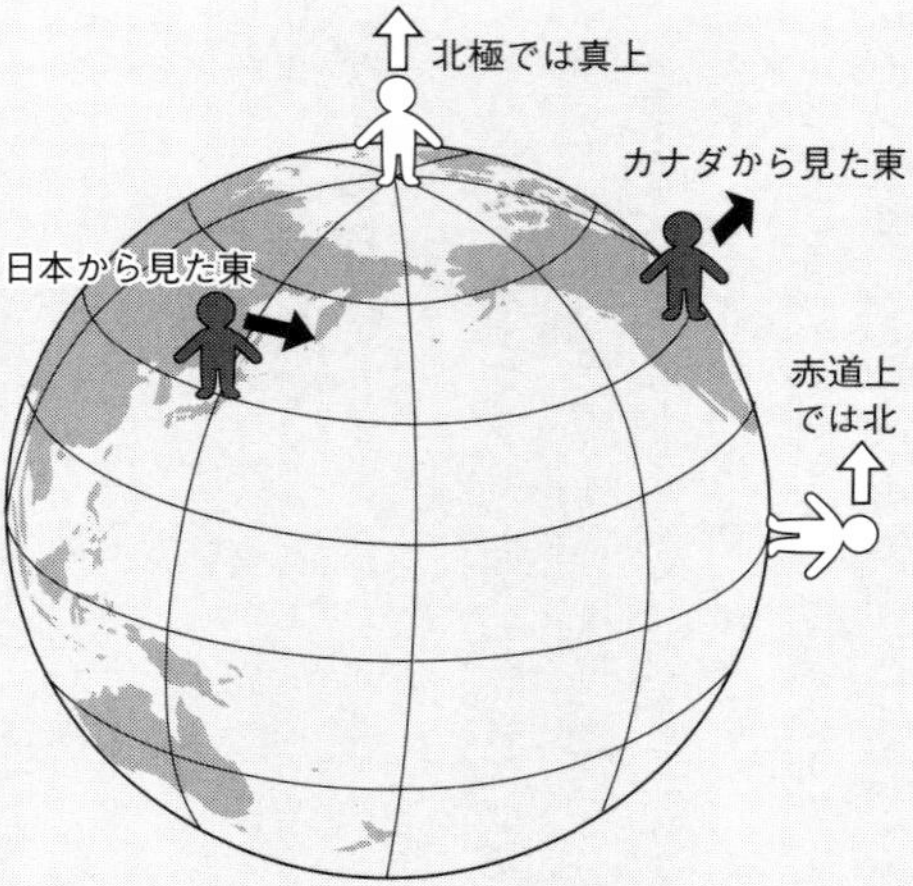

ゲージ理論のイメージ

「物差しの向きを変えても物理法則は変わらない」という文章だけではわかりにくいので、地球を使ってゲージ理論を立体的に説明するとこうなる（図を参照）。日本から東を向いてみよう。次に日本から経度が90度ほど違うカナダで同じく東を向いてみよう。同じ東でも地球は丸いので、実際の向きは90度異なってくる。

また北極で真上の方向は赤道上では北の方向になる。このように場所によってゲージ（物差し）は異なってくる。

しかし、たとえ物差しが違っていても物理法則は変わらないとするのが、ゲージ理論の根本原理だ。ゲージ理論には、①力を伝えるゲージ粒子が飛びかうゲージ場によってもたらされる力はクーロン力や重力のように逆二乗法則に従う、②力はその源が持つ量子数（たとえば電荷）に比例し、量子数には保存則が成り立つ——とする基本的なルールもある。

居心地悪かった競争社会

プリンストン研究所での任期の2年はあっという間にすぎた。日本に帰るのか、米国に残るのか、南部は決断をせねばならない。振り返るとプリンストンは南部にとっていやな雰囲気に満ちた場所だった。雑務はなくただ自由に研究をしていればいい、と最初に聞いたときは研究者天国に思えた。ところが、この地は過ごしてみると、居心地が悪い、とてつもない競争社会だった。

プリンストンには南部のような若い研究者が十数人いた。彼らは毎朝、南部と顔を合わせると、挨拶代わりに「僕は昨日の夜、これだけのことをやったけど、君はどこまで進んだ」と問いかけた。

自分のペースで時間をかけてものごとをじっくりと、ゆっくりと考えたい南部は、もううんざりだ、と思った。南部は心の余裕を失いペースを崩してしまった。これでは独創的なアイデアなど浮かびようがない。

南部には周囲の人物が、自分より優秀でかつ攻撃的にも見えた。こんな経験は一高でも東大でもなかった。南部は人生で初めて世界レベルの競争に敗れ、打ちひしがれ、劣等感と挫折を味わった、といってもいいだろう。

煎じつめればプリンストンでの2年間は、南部にとって暗黒の時代だった。自分はまだ何もなしとげていない。木下と一緒に多体問題に関する論文を書いたが、できは不満足だった。大阪市大に籍は残してきたけれど、こんな惨めな姿のままでは帰れない——。

シカゴ大学へと〝転校〟

悩んだ末に、南部はある決断をした。身分はどうでもいい。終戦直後の東大の頃のようにポスドクや研究生になっても構わないから、米国でもう一度ポストを得て、他人から立派な仕事と認められる成果を残そうと。

友人や知人は南部を心配して職を探してくれた。だが次のポストはなかなか見つからなかった。ボスのオッペンハイマーも心配し、西海岸のシアトルに行く気はないか、と南部に問うた。しかしシアトルは物理学の分野では中心から遠く離れた過疎地で、そこに行くぐらいなら大阪に帰るほうがまだましだった。

こうして、もはやここまでと観念しかかった南部に、「ポスドクでもよければ、うちの大学の研究所に一つ空きがあるので来てみないか」と救いの手を差し伸べてくれた男がいた。シカゴ大学のゴールドバーガーだった。研究所とはエンリコ・フェルミ研究所(原子核研究所)のこと。物理学科と表裏一体の形で運営されている、シカゴ大学の花形組織である。

ゴールドバーガーのもとには南部より1年ほど早く、日本から宮沢弘成がやってきていた。宮沢は、南部が大阪市大の教授時代に武者修行をさせようと東大から大阪に呼び寄せた若手学生の一人だった。

ゴールドバーガーの提案が微妙だったのは、南部より年が下でかつては一時的にせよ南部の下にいた宮沢と、シカゴ大学では同格のポジションに就くことだった。しかし、当時の南部にプライドにこだわるほどの余裕はない。そもそもこうなったのはプリンストン研究所での南部の研究が大外れだったせいだ。

南部はこうしてゴールドバーガーに「お世話になります」と返事した。南部にシカゴ大学から与えられた肩書きは「リサーチ・アソシエイト」。南部は甲斐性のない自分をひろってくれたゴールドバーガーに何度も感謝した。米国にもっといることができる、と知った妻の智恵子が喜んだのが心の救いだった。

第3章　引用・参考文献

「南部さんとの共同研究」（木下東一郎『日本物理学会誌』2017年第4号）
ノーベル物理学賞受賞記念講演「私が歩んできた道」（南部陽一郎、2009年5月13日、大阪大学）
旧制福井中学（現・福井県立藤島高校）明新会報45号（1988年）

「私の理論を理解できなかったアインシュタイン」（南部陽一郎『月刊現代』２００９年１月号）
南部陽一郎インタビュー（米物理学会、２００４年）
「南部先生が成し遂げたこと」（大栗博司『日経サイエンス』２０１５年10月号）
Yoichiro Nambu：The Passing of a Gentle Genius（M. Mukerjee, HuffPost 07/20/2015）
大阪大学特別講義「物理学者の肖像」（南部陽一郎、２０１１年6月27日）
『素粒子物理学を楽しむ本』（藤本順平、髙橋理佳、学研教育出版、２０１３年）
『素粒子の宴』（南部陽一郎、Ｈ・Ｄ・ポリツァー、工作舎、１９７９年）
「素粒子論研究」（南部陽一郎『日本物理学会誌』１９７７年第10号）
『ほがらかな探究　南部陽一郎』（福井新聞社、２００９年）
「素粒子物理の青春時代を回顧する」（南部陽一郎『日本物理学会誌』２００２年第1号）
『素粒子論の発展』（南部陽一郎、岩波書店、２００９年）

第4章 自発的対称性の破れ

パラダイム塗り替えた新理論

これから南部陽一郎の物語は佳境に入る。シカゴ大学に移った南部が自発的対称性の破れの理論の構築に成功し、素粒子物理学のパラダイムを塗り替えてしまうことになるからだ。

こう書くと南部という研究者は、プリンストンでの苦難から一転して、新天地で成功し、シカゴ大学を代表する研究者となったと思われるかもしれない。しかしそれは少し違う。南部が新理論を書きしるした研究論文を発表するのはシカゴに移って8年目のこと。意外なほどに長い歳月がかかったのは、大胆な内容の自説に100%の自信が持てず、公表をためらっていたからだ。

しかも南部は成果公表の重要な段階でも大ポカをやらかした。南部は正式な論文を書かないうちに、理論物理学会の会議録用に提出した予稿論文（プレプリント）で不用意に研究成果の一端を明らかにしてしまい、英国の若手研究者ジェフリー・ゴールドストーンに栄誉を持っていかれかねない事態に陥った。

影響は甚大だった。そのせいで南部が存在を予想した新粒子は、「南部粒子」とは呼ばれなくなってしまった。

このままだと南部はノーベル賞を受賞することなど、できもしなかっただろう。だがピンチの南部に救いの手をさしのべる味方が近未来に現れ、南部は危機を脱することになる。それは誰で、南部はいかようにして救われるのか。これからじっくりご覧いただこう。

シカゴ大学に赴任

1954年秋、南部はシカゴ大学にやってきた。当時、シカゴは人口が約350万人もある全米で第二の大都市で、米国中西部の経済と文化の中心地だった。しかし冬の寒さはとても厳しかった。

大学は街の中心部からミシガン湖に沿って10キロほどのところにあるハイドパーク地区とウッドローン地区の間にあった。ハイドパークは大学の建物と人家が渾然一体となっていて、大学の研究者や職員のほとんどはここに住居を構えた。米国の大統領となったバラク・オバマも地方議員時代にこの地に住んでいたといわれる。

南部夫妻はシカゴでアパート探しをした際、不動産屋から「部屋がない」と何回か嫌がらせをうけた。南部は学内でもろもろの差別に遭遇することを覚悟した。

ところが大学の構内に入り、これから勤務する研究所の大きな建物に足を踏み入れると、雰囲気は居心地のよい家庭のように変わった。建物の中には原子核研究所とその姉妹研究所の金属研究所が入居していた。そして南部は研究所のメンバーから家族のように扱われ、誰とも自由に話すことができた。心配は無用だった。

フェルミが主宰した「クエーカーの会議」

シカゴ大学の居心地のよさは当時、原子核研究所を率いていたエンリコ・フェルミが毎週木曜日に４階の４８０号室で開催していた所内セミナーをのぞけばわかるかもしれない。

イタリアに生まれ米国に亡命してきたフェルミは、「量子電磁力学の父」「中性子の魔術師」などと呼ばれた大物研究者だ。実験と理論のどちらでも世界最高レベルの業績を残し、ほぼどんな問題にでも対処できる才能を持っていた。尊大な態度をとることはなく、とても親しみを持てた。

「クエーカーの会議」と呼ばれていたセミナーには研究所のメンバー全員が参加し、誰でも自由に立ち上がって、いまやっている研究や、いずれやろうと温めているアイデアを話すことができた。長幼の序は関係なかった。

エンリコ・フェルミ
（GRANGER.COM／アフロ）

セミナーには物理のみならず化学や地質など多彩な分野の研究者が参加した。素粒子、原子核、天体物理、宇宙線といったあらゆる自然科学のテーマが話題となり、南部には大変な刺激になった。座長役はジョセフ・メイヤーが務めた。彼の妻はのちにノーベル賞を受賞するマリア・メイヤーだった。大御所のウェンツェルやシカゴ大に招いてくれたゴールドバーガーもいた。

しかし南部たち若手はビッグネームたちの前でなかなか口を開けない。そうして躊躇していると重鎮たちが「君はどうだ。しゃべってみろ」と発言を促し、若手の発言が終わると、彼らは鋭くも温かいコメントをした。南部は、たちまちこのセミナーとフェルミが好きになった。

妻の智恵子もシカゴが気に入った。少々、家探しで洗礼を浴びはしたが、カリフォルニアのような西海岸と比べると人種差別はひどくない。それに田園の香りがする中西部のシカゴは素朴で親近感を持つことができた。

南部が敬意を表したフェルミ死す

フェルミに深いリスペクト（敬意）を抱いた南部が、何か変だと感じたのはシカゴ大学にやってきて2〜3週間がすぎた頃のことだったろうか。フェルミが学内の会合に急に現れなくなってしまったのだ。実のところ、このとき、フェルミの容態はただならぬ状態になっており、その年の11月、シカゴの病院で他界した。

フェルミがいた頃、シカゴ大学で物理を学ぶ大学院生たちは、とびきり難しい試験で鍛えられた。試験に出たのはたとえば、加速器のサイクロトロンを設計せよ、といった問題である。そんな伝統を築いたフェルミが天に召された、と思うと南部は無性に悲しかった。

シカゴ大学はフェルミに敬意を表して、その後、原子核研究所をエンリコ・フェルミ研究所と呼ぶようになった。またシカゴ郊外に１９６０年代後半に設立された米国の国立加速器研究所もフェルミ国立加速器研究所と称されている。

ゴールドバーガーへの恩返し

研究の話をしよう。南部はシカゴ大学で優先してなすべきことがあった。分散理論の研究だった。わけは明白だった。南部を窮地から救ってくれたゴールドバーガーはこの頃、分散理論の研究に取り組んでいた。ならば部下の南部は上司のゴールドバーガーの手足となって働き、恩返しをすべきなのである。

分散理論は数学的にひどく難解な理論だ。ところが、その点がむしろ南部の好奇心を刺激した。南部は理論に現れる高度な数学の面白さ・巧みさに魅了され、研究にのめりこんでいった。南部はたいていの場合、計算に紙も鉛筆も使わない。彼のやり方は頭の中の暗算だ。紙に書くより暗算の方がうんと速く計算ができる。

研究グループの中で南部が担ったのは、分散理論を支える数学的骨格の基礎部分だった。派手さはまったくない地味な仕事だ。南部は役に立つのか立たないのかわからない仕事を2年ほど黙々と続けた。ポスドクに任された下積みの仕事で評価されることはまず期待できない。楽しみは数学とのふれあいだけだったかもしれない。

ところが、論文がほぼできあがり、米物理学会が発行する論文誌の『フィジカル・レビュー』に投稿しようという段階で、思いがけない幸運が舞い込んだ。イリノイ大学のG・チュー、F・ローと共同して3人で論文を書き進めていたゴールドバーガーが、論文の著者として南部を加えてくれたのだ。

とまどいと驚き、そして秘かな喜び。南部を高く評価するゴールドバーガーの心遣いで南部は論文の4人目の著者となった。論文の評判はとてもよく、無名だった南部は学界で少しは知られる存在となった。

人生最大の危機転じて准教授に

もしゴールドバーガーの救いの手が入らなかったら、いったい南部はどうなっていただろう。「この時期の南部先生は研究者として非常に危ない状況だった」と分析するのはお茶の水女子大学名誉教授の菅本晶夫。１９８０年代前半に日本からシカゴ大学の南部研究室にやってきた研究者だ。なぜか。まず、南部は若手研究者の実力が問われるプリンストン研究所で敗北した研究者だった。執筆した論文はできがよいとはいえない共同論文1つきりだった。

シカゴ大学に移ってからも、ゴールドバーガーへの恩返しで分散理論に携わった以外は、独自の目立つ研究成果はさほど見えてこない。この時期、南部は30歳代の半ば。論文の生産性が厳しく問われる現代の大学なら、いささかとうが立ったポスドク研究者と、そろそろ見切られてもしかたがない時期だ。その点で、菅本の指摘は正鵠を得たものだ。

だが南部にはゴールドバーガーという支援者がいた。そして彼は、南部を共同論文の著者に迎え入れるだけでなく、もっと大きな青写真を描いていたようなのだ。

ゴールドバーガーはこの頃、シカゴ大学を離れプリンストン大学に移籍することが内々に決まっていた。では、あとを誰に委ねるか。その候補の一人として彼が目をつけていたのが南部だった可能性が高い。

南部の昇進を祝って催されたパーティー。右から2番目が南部、左端で微笑んでいるのが智恵子夫人

1956年、ゴールドバーガーは当初の思惑通りシカゴ大学を離れ、南部は大学の教官のメンバーに加わった。肩書きは准教授（アソシエイト・プロフェッサー）。ポスドクから、テニュア（終身雇用資格）のついたポジションへの昇進だった。ゴールドバーガーの研究室で論文の執筆途上だった学生は、南部が引き取った。

これを機に南部はある決断をした。大阪市立大学に辞意を伝えたのだ。市大を離れるときに西島に伝えた「留守番をしておいてくれ」というメッセージは空手形となった。

なお、南部のこの時点での職位を「助教授」と書いた資料が日本には多い。しかし米国の大学の階層は、教授―准教授（アソシエイト・プロフェッサー）―助教授（アシスタント・プロフェッサー）となっており、本書では「准教授」という表現を採用した。

南部をくつろがせたディナー・パーティー

シカゴ大学の准教授が担う職務は、過酷とまではいわないがかなり重いものだった。物理学科や研究所で物理学を学ぶ大学院生に日々、何コマもの講義を行わねばならない。学生に教えるべきは原子核物理学や素粒子物理学だけでなく物理学の全般だ。南部が最初に教えたのは統計力学だった。

教え方が悪ければ、学生の間で教官の評判は低下し、准教授から教授への昇格にも支障をきたしかねない。その点で日々続く講義は南部にとって、〝昇進試験〟の性格も帯びていたのかもしれない。

そんな南部にとって救いになったのは、シカゴ大学のそこかしこで体験した家族主義的なふれあいだった。当時のシカゴ大学では頻繁にディナー・パーティーが開かれていた。リーダー格の教授が「今日の夜、うちで晩餐会をやるからいらっしゃい」と同僚や若手の研究者を招待するのだ。親しい友人・知人が集まって食事と会話、ダンスを楽しもうという催しだった。

南部に声をかけてくれたのは、たとえば理論物理の大御所ウェンツェルであり、原子核研究所の所内セミナーで座長を務めるメイヤーだった。メイヤー夫妻が毎年、大晦日に開くパーティーは出席者がひしめきあう盛況となることで有名だった。

お返しにと南部の家でも夕食会を開き、智恵子がつくった料理でお偉方や友人・知人をもてなした。パーティーだけではない。研究中のテーマについて議論や意見交換がしたくなったら、夜でも近所に住む同僚を訪ねることができた。シカゴではたいてい誰でも大学に歩いて通える距離に住んでいた。

南部は終戦直後に東大の実験室に住んでいた頃、夜になると隣の部屋を訪ねて議論の花を咲かせた。シカゴでの生活は当時を彷彿とさせた。シカゴ大学は殺伐としたプリンストン研究所と違って、過度な競争とは無縁で、南部を温かく迎え入れ、リラックスさせてくれた。南部はこんなシカゴ大学をどんどん好きになっていった。

小柴がシカゴ大学にやってきた

終戦から10年余りが過ぎたこの時期、名門のシカゴ大学には日本から10人弱ほどの研究者が集まり、小さな共同体をつくって親密に交流していた。そんな中で南部家に最も強い印象を残したのは小柴昌俊だった。南部が大阪市立大学にいる頃に、東大から短期の武者修行にやってきたあの小柴である。

小柴は1953年に朝永の推薦で米ロチェスター大学に留学し、2年足らずで博士号を取得。

シカゴ大学に集まった日本人の仲間たち。1955年頃。左列の奥から２人目が南部、その正面が智恵子夫人。左列の奥から５人目が小柴

その後は、宇宙線の研究で名高いM・シャイン教授のもとで学ぶため研究員としてシカゴ大学にやってきた。小柴が住みついたのは南部の家から歩いてたった数分のところ。小柴はこれを機に頻繁に南部家を訪れるようになった。南部がまだ准教授にもなっていなかった1955年夏のことだ。

ここから、しばらくは小柴が科学誌の『日経サイエンス』に書いたり、福井新聞社のインタビューで語ったりした話を元に、当時の南部家と小柴のかかわりを再現してみよう。

シカゴ大学に赴任して給料がよくなった小柴は独身で、米国の若い女の子と頻繁にデートして財布がすぐにカラになってしまった。すると小柴は南部家に行って智恵子夫人に「おカネがないから奥さん、20ドル貸してよ」とため口で頼む。すると夫人は「あんたまたデート？　最後までいっち

ゃだめよ」と応じながら、おカネを渡してくれた。

小柴がはたした恩返し

小柴は小柴らしく恩返しをした。当時もいまも、米国の大学では優秀な人材のスカウト競争が盛んだ。あるとき、シカゴ大学物理学科のチェアマン（学科長）が小柴に「他の大学から南部に誘いはきていないか」と尋ねた。すると小柴はすかさず「きてる、きてる。南部先生はいま、真剣に思案している」と返答した。

あわてた大学側は南部の給料を引き上げた。南部がシカゴ大学の教授に就いてしばらくたってからのできごととみられる。

小柴はそれから日本に帰国して結婚。妻の慶子を伴って再びシカゴ大学に戻ってくると、今度は南部夫妻と一緒にドライブを楽しむようになった。週末に車を連ねて、植物園や動物園に出かけるのだ。両家はしばしばパーティーを開き、互いに招待をして家族ぐるみの交際を楽しんだ。1960年前後の話だ。

この時期には懐かしい人物が彼らの輪に加わった。大阪市大で南部の助手を務めた西島和彦がイリノイ大学で教鞭をとり始めたのだ。小柴は西島夫妻に連絡をとり、シカゴの小柴家でパーティーが催された。これに南部夫妻が合流したのはいうまでもない。

南部と西島

１９５０年代初期に大阪市大に集った南部、西島、小柴はそれからほぼ10年後、はからずもここシカゴで再会を果たした。３人の誰もが希望に満ちあふれた古き良き時代のできごとだった。

竜巻研究の天才、藤田哲也

南部家の近所には、「フジタ・スケール」で知られる世界的に著名な気象学者、藤田哲也も住んでいた。

藤田は気象観測では天賦の才があった人物で、九州で専門学校の助教授だった１９４０年代後半に雷雲には上昇気流だけでなく、それまで知られていなかった下降気流もあることを発見。その成果で東大から博士号を取得し、さらに米シカゴ大学から客員研究員として招聘された。南部がシカゴ大学に着任する少し前の１９５３年のことだ。

藤田は早速、類い希な能力を発揮した。米中西部では、毎年春に竜巻（トルネード）が発生し、大きな被害が出る。そこで彼は建物の破壊の程度から竜巻の強さを示す尺度を考案。その尺度は国際的な基準として認められ、「フジタ・スケール」と呼ばれるようになった。

まだある。藤田はダウンバースト（下降噴流）といって、気象が不安定なときに起きる下向き

1976年に撮影された南部（左端）と藤田（中央）

の突風現象も発見した。ある飛行機が着陸寸前に墜落した不可解な事故の原因の調査を依頼された際に突きとめた、本当の原因だ。

南部と藤田はほぼ同年代。ともに日本からシカゴ大学にやってきて、能力と成果を認められ名声を高めていった。研究の畑は違うが、互いに敬意を払い、ときにはホームパーティーを開き、親しさを深めていった。

写真をご覧いただきたい。場所が南部家なのか藤田家なのか判然としないが、1976年に催されたパーティーの一コマだ。南部はテーブルの左端、智恵子夫人をはさんで藤田はその右隣に写っている。右のほうにいるのは、その頃、日本から南部研究室にやってきた若手の江口徹と彼の妻だ。

藤田は飛行機に乗れば、必ずパイロットの後ろに座っていた、という。雲や気流を眺めていたに違いない。そんな藤田につけられた愛称は「ミスター・トルネード」や「竜巻博士」だった。

超伝導のＢＣＳ理論との出会い

南部が超伝導のＢＣＳ理論と遭遇し、自発的対称性の破れの理論を構築する手がかりをつかんだのは１９５７年のことだった。出会いはある日、シカゴ大学で開いたセミナーで起きた。近隣のイリノイ大学でバーディーンに学んでいた大学院生のシュリーファーを招き、彼らが研究を進めていたＢＣＳ理論について語ってもらう催しである。シュリーファーを呼んだのは大御所のウエンツェルだった。

Ｊ・ロバート・シュリーファー
（The Hindu Archives）

ＢＣＳ理論とはバーディーンと、レオン・クーパー、さらにシュリーファーを加えた３人が提唱し、ノーベル賞を受賞した超伝導の画期的な理論。「ＢＣＳ」は３人の名前の頭文字をつづったものだ。

特定の金属や化合物を極低温に冷却したとき、電気抵抗が突然ゼロになる超伝導は、１９１１年にオランダのカマリン・オンネスにより発見された。超伝導体には電気抵抗ゼロだけでなく、外部の磁界の侵入を許さないマイスナー効果も発生する。しかし、なぜこのような奇異な現象が起きるのか、理論的な解明は半世紀近くの間、まったくといっていいほど進んでいなかった。

そんな暗黒の時代に終止符を打ち、超伝導のメカニズムをおおむね解明したのがBCS理論だった。理論が生まれたきっかけは、クーパーによる電子対の提唱だった。マイナスの電荷を持つ電子と電子は通常なら電磁気力によって反発しあう。だが、極低温に冷やされた超伝導体の中では、格子振動によって電磁気力に打ち勝つほど強力な引力が2つの電子の間に生じ、電子のペアが生まれる。クーパーに敬意を表して電子対《つい》はクーパー対と呼ばれた。

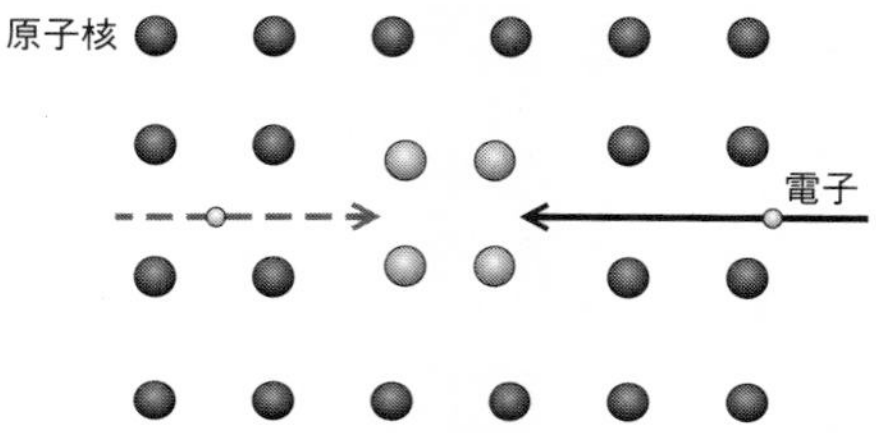

クーパー対が誕生するしくみ

クーパー対が生まれる様子を描いたイラストを見てみよう。結晶の中で、マイナスの電荷を持つ電子が、原子核が並ぶ空間を中央へ向かって運動している。すると電子のマイナス電荷の影響を受けて、プラスの電荷を持つ原子核はわずかだが中央に引き寄せられ、結晶格子に歪みが生じる。重たい原子核はしばらくの間、元の位置には戻れず、その一帯はプラスに偏ったエリアとなり、そこに次の電子が流れ込んできて、2つの電子はペアを形成する。

こうやって誕生したクーパー対はあたかも一つの粒子としてふるまう。そして結晶のいたるところでクーパー対は誕生し、あふれかえったクーパー対は電位差がなくても結晶の中をかけめぐる。これが超伝導体の中で電流が電気抵抗ゼロで流れるメカニズムだ。

こんな現象が生じるのは、電子が個々に存在するよりも、ペアになって存在するほうがエネルギーが低く、安定して存在できるためだ。このためクーパー対を壊すにはある程度の大きさの熱エネルギーが必要となる。しかし極低温の状況では、そんな熱エネルギーはそうそう生まれない。だからクーパー対は安定して結晶の中を走り続ける。

シカゴ大学のセミナーにやってきたシュリーファーは超伝導状態を表す波動関数を考案し、理論構築の土台を築いた。彼には地下鉄の中で超伝導状態の電子の挙動を示す数式を思いついた、というエピソードが残っている。

ＢＣＳ理論にいらだち最後に恋に落ちた南部

ＢＣＳ理論に出会った南部は、どんな反応を見せたのだろうか。まず南部はＢＣＳ理論が超伝導の現象を非常にうまく説明していることに驚き、感動し、舌を巻いた。半面、何ともいえぬいらだちや不快さも感じた。クーパー対の挙動を説明するために導入された波動関数が電子の数を保存しない点が、どうしても気に入らなかった。

BCS理論は自然界で最も基本的な電荷の保存則を破っているように見える。だがそんなことはありえない。いったい、どうなっているのだろうか。南部が日本の物理学会誌に書き残した文章をいくつかそのまま紹介してみよう。

「私は彼らが電荷を保存しない関数を用いたことに衝撃を受けた。どうしてこんな波動関数が物理的状況を表し得るのか。疑問は時とともに深まった」

「この理論には物理の法則が要求するある種の対称性が欠けていた」

自然界には「東京であろうと米国のニューヨークであろうと物理法則の形は変わらない」「ある場所からどちらの方向を向いても物理法則の形は不変である」「時が過ぎて明日になっても物理法則はやはり変わらない」といった大切な性質が隠れている。

これが「対称性」であり「対称性が変わらない」ことを「不変性」といったりする。そして南部は、BCS理論には対称性が欠けていることをたちどころに見抜いてしまったのだ。

もっとも、BCS理論が変な理論であっても、南部は心の内からさっさとBCS理論を消し去ってしまえばよかった。ただそれだけの話だ。だが、どうしたことか南部は、翌日になっても、1週間が過ぎても、BCS理論のことが念頭から離れなかった。荒削りで欠点だらけで掟破りな理論がどうして現象面では超伝導をうまく説明できるのか、気になってしかたがなかった。

こうして南部は憎たらしい相手のとりこになり、恋に落ちた。そしてあろうことか基礎の基礎に立ち戻って、ＢＣＳ理論を自分流に書き直し、ことの真相を見極めるふるまいに出た。英断なのか愚行なのか。ないまぜになった感動と疑問に突き動かされた行動だった。

自発的対称性の破れとは？

ここで読者の方々には「自発的対称性の破れとは何か」を直感的に理解していただくこととする。上のイラストをご覧いただきたい。これは南部が２００８年にノーベル賞を受賞した際、電弱統一理論（電磁気力と、原子核の中で働く弱い力の統一理論）の創始者の一人として知られるアブドゥス・サラムが解説に使ったものだ。

あなたが３人の知人を自宅にディナーに招いたとしよう。そして食前酒をテーブルにセットし、あなたを含め全員が席についたとする。ここでテーブルを中心点から、右回りでも左回りのどちらでもいいから回転させてみよう。するとテーブルは90度回るごとに、元の状態とピッタリ重なり合う。つまり４人が席についた直後の図形は、美しい回転対称の図形だった。

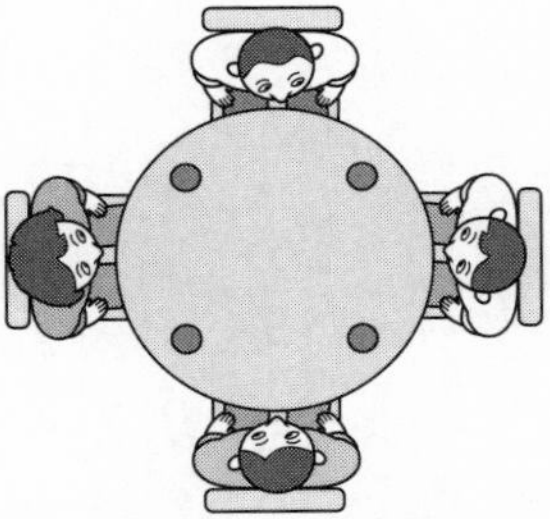

誰もがグラスに手を出せず、困っている状態

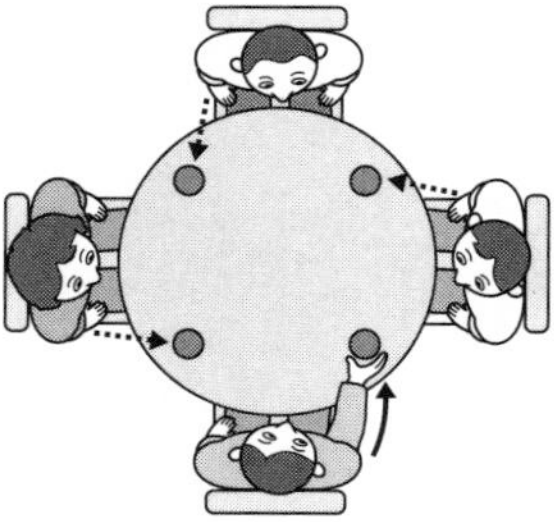

誰かがグラスに手を伸ばし、対称性が破れる

さらに図形の中央部に直線を上下に引いて、それを境に一方を折り返すと、もう一方にぴったり重なる。この図形は線対称（鏡像対称）でもあった。

しかし、現実にはまもなく気まずい事態が起きた。食前酒が置かれた場所が微妙で、誰もがいったい右のグラスをとっていいのか、左のグラスをとればいいのかわからず迷ってしまった。どちらに手を出せばいいのだろう。しばし不安で不安定な時間が流れた。しかし、やがて4人のうちの1人が意を決して、右のほうのグラスに手を伸ばしたことで事態は一気に解決した。誰もが彼に倣《なら》って右のグラスを手にとったからだ。できごとを振り返ってみよう。当初、誰もがグラスに手を出せず困っている状態は、対称性はあるもののとても不安定な状態だ。しかし、このような状況は長くは続かない。誰かが「自発的」に右か左に手を伸ばせば、付和雷同して誰もがその人に従う。その結果、対称性は崩れてしまうが席についた人の不安は解消し、誰もが安心できる。状況はこうやって安定した。

このように地球や宇宙に存在するさまざまな対称性は安定を求めて、「自発的に対称性を崩す」ことがある。これが自発的対称性の破れの大づかみな説明である。南部の愛弟子の江口徹は自発的対称性の破れの理論について、「どこから見ても対称性の見えない世界をひっくり返して眺めてみると、隠れていた対称性が見えてくる、という手品のような仕事」と語った。絶妙の言い回しである。

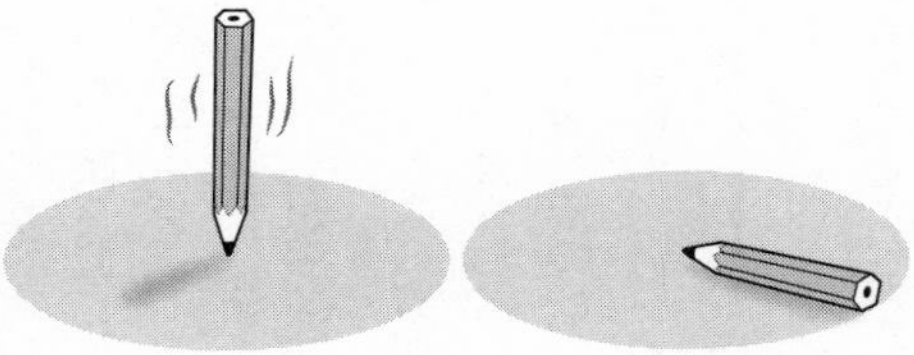

鉛筆は対称性を犠牲にして安定した状況を獲得する

南部理論は現在では、素粒子の標準理論の基盤として欠かせない理論と位置づけられている。

鉛筆を使ったもう一つの説明

のちに南部にノーベル賞を授与したときの、スウェーデンの王立科学アカデミーの説明にも耳を傾けてみよう。彼らが使った小道具は鉛筆だった。

イラストを見ていただきたい。芯を下にして鉛筆を直立させるのは非常に難しいが、奇跡的に鉛筆をテーブルの上に立てることに成功したとしよう。このとき鉛筆は、観察者が周囲をぐるぐる回ってどこから見ても、同じ姿でまっすぐに立っている。鉛筆を上下に貫く軸の周りに回転対称が成立しているのだ。

しかし、こんな不安定な状態は長続きせず、そのうち鉛筆は勝手にどこかの方向に倒れ、対称性を喪失してしまう。横に倒れた鉛筆は上から見れば横長の棒に見え、腰を低くして倒れた鉛筆に正面から向きあえば六角形に見える。鉛筆は対称性を犠牲にして、エネルギーが低くて安定した状況を獲得したのである。

対称性が破れると南部粒子が発生する

サラムらの説明を聞いて「なるほど自発的対称性の破れとはこういうことだったのか」と膝を叩いた方もおられるだろう。だが中には、こんな感想を持たれた人もいるはずだ。「対称性が勝手に崩れるのはわかった。しかし、それがどうしたというのだ。話はもう終わりなのか。それともこの先、何かが起きるというのか」と。

確かにその不満は当たっている。実は自発的対称性の破れとは何か、を説明するためによく使われるこの2つの事例は、わかりやすさを強調するあまり、伝えるべき大切なことを省略してしまっている。それは対称性が自発的に破れたときには、その乱れを回復させるために「南部ゴールドストーン粒子」という質量ゼロのユニークな粒子が発生することだ。この粒子は南部理論の核心に当たるもの。これに触れずして南部理論を語ったことにはならない。

では、南部ゴールドストーン粒子はどんな影響をもたらすものなのか。端的な例は超伝導のマイスナー効果だ。少し、難しくなるが説明を試みてみよう。超伝導体のすぐそばに磁石を置いた様子を描いたイラストを見ていただきたい。磁石から生じる磁界（磁場）は、ほぼどんな物質の中にも入り込む。しかし、超伝導体だけは別。外から侵入を試みる磁界を頑強にはねのけてしまう。完全反磁性とも呼ばれるマイスナー効果は、超伝導体に見られる特有の現象である。

素粒子物理学では、磁界の正体は電磁気力を伝える光の粒、つまり光子とみなされている。だから超伝導のマイスナー効果は、超伝導体が光子の侵入を拒む現象ともいえる。ただし、磁界（光子）はよく観察すれば、ほんの少しだが超伝導体の表面に食い込んでいることも確認されている。つまり、光子は超伝導体の中をわずかな距離ではあるが前に進んでいる、と解釈できる。

もっとも光子は超伝導体の中を少し進みはするものの、すぐに止まってしまう。これは光子が超伝導体の中に入ったとたん、クーパー対の海の中で急に重くなって動きを止めてしまった、とみなすことができる。物理学では、光子の質量はゼロだ、と厳格に定まっている。しかし超伝導体では、光子が質量を持ち動かなくなってしまう。マイスナー効果とはこんな不可思議な現象なのだ。

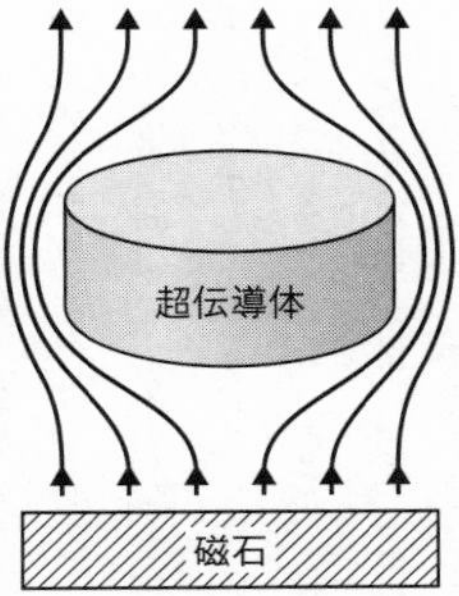

マイスナー効果により、磁界は超伝導体の中に侵入できない

その奇怪な現象の犯人こそが南部ゴールドストーン粒子だ。超伝導体の中であふれかえり、走り続ける電子の

クーパー対には、微妙な揺らぎが生じる。そして、その揺らぎこそが南部ゴールドストーン粒子の正体とされる存在である。

南部理論はこの不思議な現象を次のように説明する。「光子は南部ゴールドストーン粒子を縦波成分として取り込み、その結果、質量を有するようになった」のだと。

まとめると、こうなる。私たちが存在する世界は左右対称などの対称性をあまり好まず、不安定な対称性は自然に壊れて非対称になる。そして、そうした変化の中で南部ゴールドストーン粒子が発生して、それまで質量がゼロだった粒子に質量をもたらす。これが南部理論が語ることの真相である。

陽子の質量の謎を解いた南部理論

ようやく南部の研究は、質量という大きなテーマにたどりついた。引き続いて、質量の起源と直結するカイラル対称性の破れへと歩みを進めよう。宇宙空間や陽子などの核子の内部で発生するカイラル対称性の破れが、素粒子の質量を膨れ上がらせる、という気宇壮大な話である。

ただし、ひとつ事前にお許しをいただきたい。南部がBCS理論と出会ったときも、自発的対称性の破れに関する論文を発表したときも、まだクォークモデルは出現していない。しかしクォークなしでは説明が煩雑になるので、本書では便宜的に、この段階でクォークを登場させたい、

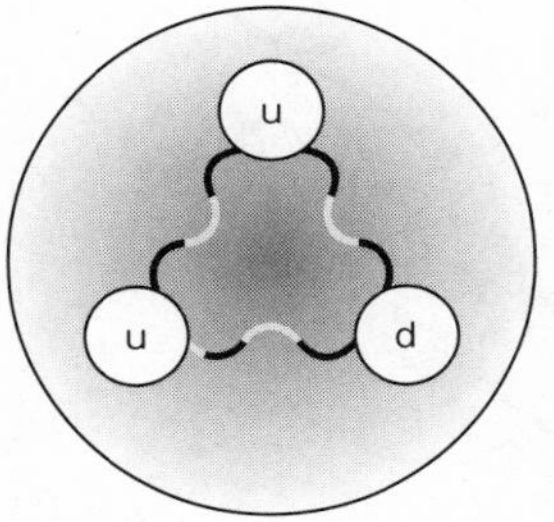

陽子はアップクォーク（u）が２つと、ダウンクォーク（d）１つでできている

という お断りである。

ひとまずこんな話から始めよう。「原子核を形成する陽子や中性子はたった3種類のクォークでできている」。これが、ゲルマンが1964年に発表するクォークモデルの骨格だ。クォークにはアップ、ダウン、ストレンジの3種がある、とされた。

しかし、常識ではわかりづらい事実に研究者たちはとまどった。陽子はアップクォーク2個とダウンクォークが1個でできている。だが、加速器を使った高エネルギー電子散乱実験によって定まる3つのクォークの「裸」の質量を足し合わせても、陽子の質量の2％ほどにしかならないのだ。

いったいこれはどうしたことか。その謎を解き明かしたのが、南部が提唱した自発的対称性の破れの理論だ。3つのクォークの質量の残りの約98％はカイラル対称性の破れによってもたらされたものだ、とこの理論は主張するのである。

カイラル対称性の破れとは

では、カイラル対称性の破れとはいかなる対称性の破

左巻きスピンを追い越しながら見ると、右巻きに見える
（南部陽一郎『クォーク』〔講談社ブルーバックス〕より）

れなのだろうか。そもそもカイラルとは、ギリシャ語で「手のひら」を意味した単語で、転じて素粒子物理学では「左右の違い」を意味する言葉となった。

具体的な事例を出そう。たとえば電子はスピンの向きによって「右巻き粒子」と「左巻き粒子」を区別することができる。フィギュアスケートではスピンは見せ場の一つで、右に回る選手もいれば左に回る選手もいる。それと同様、電子もスピンの向きによって「右巻き」と「左巻き」の2種類が存在する。

ただし宇宙空間では、右巻き粒子はあっけなく左巻き粒子に変わってしまう。頭の中で思考実験をしてみよう。右巻きの電子が高速で太陽から地球に向かって飛んでいたとする。そして、そのあとを太陽から出た光が追いかけはじめたとしよう。宇宙空間で光より速く走る粒子はない。質量を備えた電子は、どうやっても光速で走ることはできない。だからある場所で電子は光子に追い抜かれる。

この際、あなたが光子に乗っかっていて、電子は当初、右巻きに見えていたとしよう。しかし電子を追い抜いたあと、後ろの電子を眺めると、今度は左巻きに見えることだろう。このように「右」と「左」の関係がことの前後で変化することが、カイラル対称性の破れだ。
　カイラルは化学の分野では鏡像異性という意味で用いられ、日本では「キラル」と発音されている。２００１年にノーベル化学賞を受賞した野依良治《のよりりょうじ》の研究テーマは「キラル触媒による不斉合成反応の研究」だった。

物理学ことはじめ

スピン

　スピンは質量や電荷とともに素粒子の基本的な性質で、素粒子が備えた固有の角運動量。回転の物理的な強さを示す。スピンは素粒子の種類によって異なる値をとる。たとえば光子などの力を伝える粒子のスピンは整数の「0」「1」「2」といった値をとり、物質を構成するクォークや電子のスピンは半整数（$\frac{1}{2}$の奇数倍として表される「$\frac{1}{2}$」「$\frac{3}{2}$」など）の値をとる、と定まっている。スピンの単位は、プランク定数という定数を2πで割った換算プランク定数（$\hbar$）と呼ばれるものだ。

ビッグバン直後の宇宙で起きた相変化

いまから138億年前にビッグバンによって誕生した直後の宇宙に思いをはせてみよう。この頃の宇宙は超高温・超高圧の状態で、すべての粒子は質量を持たず、現在の光子と同じように光速で走り回っていた。通常の粒子とは電荷などの性質が逆の反粒子も、粒子と同じように光速で宇宙を飛び回っていた。

この時点では粒子も反粒子もすべての粒子の速度は光速なので、光子に追い抜かれることはない。だから、宇宙ではカイラル対称性は破れることはなかった。右巻き粒子は右巻きのまま、左巻き粒子は左巻きのままだった。

ところがまもなく、宇宙空間の構造を一変させる相変化が自発的に起きた。それまで真空だった宇宙に粒子と反粒子のペアが凝縮し、空間を埋め尽くしてしまったのだ。水が温められて蒸発し水蒸気（気体）になったり、逆に水蒸気が冷やされて水へと凝縮したりするように、金属や化合物が極低温になると電気抵抗を失い超伝導状態になるように、宇宙の相は様変わりしてしまった。

これは、それまで自由に飛行していた粒子たちには重大な変化だった。粒子たちは少し前に進むたびに、あちらこちらで粒子と反粒子のペアにぶつかってスピードを失い、光速で走れなくな

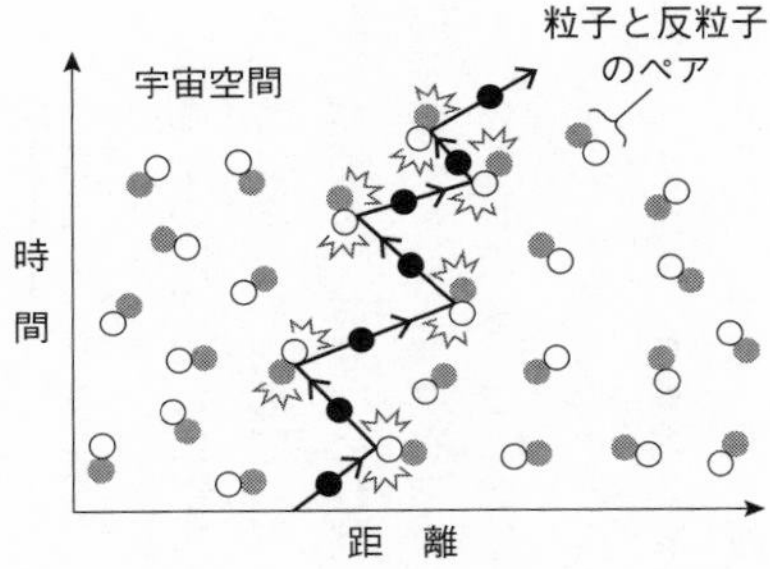

光速で走っていた粒子が、宇宙空間を埋め尽くした粒子と反粒子のペアに衝突してスピードを失い、質量を獲得していく。グラフで粒子が右上に進むときは前進、左上に進むときは後進に相当する
（『日経サイエンス』2009年５月号を改変）

ってしまった。

その結果、粒子たちは宇宙最速の光子に追い抜かれ、右巻きに見えていた粒子が左巻きに変わったり、左巻きに見えていた粒子が右巻きに変わったりしてしまった。カイラル対称性が破れてしまったのである。

対称性が破れたというのなら、質量ゼロの南部ゴールドストーン粒子が必然的に発生する。超伝導では、電子のクーパー対の微妙な揺らぎがこの粒子となって発生した。それと同様、宇宙空間では、凝縮した粒子と反粒子のペアの揺らぎが南部ゴールドストーン粒子に相当する、と解釈されている。

この際、思い出していただきたいのは、磁界（光子）の侵入を阻む超伝導のマイスナー効果だ。超伝導体では、南部ゴールドストーン粒子は光子に吸収されることによって光子に質量を与えていた。宇宙空間でもそっくりな現象が起きた。南部ゴールドストーン粒子は宇宙を自由に飛翔していた粒子たちの内懐に飛び込み、そして吸収されることによって、彼らに質量を与えたのだった。

陽子の中では何が起きている？

では陽子の内部では何が起きているのだろうか。私たちの日常的な感覚からは理解しづらいのだが、実は陽子の内部でも、宇宙空間とそっくりなことが起きている。陽子の中も、私たちの目の前の空間も、煎じつめれば宇宙空間の一部であることに変わりはないからである。

陽子の中にはアップクォークとダウンクォークがある。そして宇宙と同様、アップクォークやダウンクォークは、ここでも凝縮している「粒子と反粒子のペア」にぶつかり、残りの巨大な質量を獲得してしまうというのだ。

高エネルギーの加速器実験で厳格に決められるアップとダウンの、もともとの「裸」の質量はたかだか5MeV（Mは100万、eVは電子ボルト）にすぎない。しかし陽子の中に収まると、これらのクォークの質量はそれぞれが300MeVほどの大きさにまで膨れ上がってしまうのだ。

中性子の質量獲得メカニズムも陽子とまったく同じだ。陽子や中性子だけでなく、クォーク複数個で構成されるハドロン（クォーク3つでできたバリオンとクォーク・反クォークでできた中間子）など、すべての粒子に南部理論は適用できる。

南部がカイラル対称性の破れを提唱するまで、宇宙空間の真空はただ空っぽの存在だった。だが、いまや真空は空の箱ではない。真空とは、物質と反物質のペアが満ちた状態であり、粒子の質量はその構造からダイナミックに生み出されているのだ。

南部が研究したカイラル対称性の破れは、このようにして質量の起源の秘密に迫り、素粒子物理学のパラダイムを根底から塗り替えた。南部理論に刺激されて、素粒子物理の分野ではもうしばらくすると質量の生成メカニズムを論じたヒッグスらの新理論が登場する。この理論が予測したヒッグス粒子は２０１２年に欧州の加速器実験で見つかった。

だがクォークや電子など物質を構成する粒子についてヒッグス粒子の理論が説明できるのは、質量の２％ほどにすぎない。質量のほぼすべては南部が追究した自発的対称性の破れによるものだ、ということを読者の方々はこの際、ぜひとも記憶にとどめていただきたい。

物理学ことはじめ

電子ボルト（eV）

電子ボルトは物理学や工学の分野で使われるエネルギー（質量）の単位。「e」は電子、「V」は電

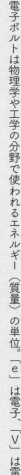

圧を表すボルトの頭文字で「eV」は電子ボルトと読む。1eVは1Vの電位差で電子を加速した際に電子が獲得する運動エネルギー。肉眼で見える光のエネルギーは2eVほどだ。

2年かけてBCS理論を解析

南部がBCS理論に出会った頃に戻ろう。南部にとって幸運だったのは、セミナーでBCS理論を語ったシュリーファーがほどなくシカゴ大学の助教授に採用されたことだった。BCS理論の解釈でつまずくと、南部はシュリーファーの研究室を訪ねて教えを請い、議論を重ねた。シュリーファーはたった1年で古巣のイリノイ大学に戻ってしまったが、南部にとって、彼とじかに会話を交わせたこの期間は奇跡のようなめぐり合わせの時だった、といえるかもしれない。

少し脱線すると、シュリーファーにはやや荒々しい面があったようで、2004年には死亡を伴う交通事故を起こし懲役刑を受けたこともある。

こうして南部は2年ほど、我慢強くBCS理論の分析を続けた。南部はシカゴ大学に移った直後、分散理論の計算を延々と2年続けた。それと今回のBCS理論との格闘を合わせると、歳月は4年に及ぶ。事情を知らぬ人にはこれが「南部の長い沈黙の時期」と見えたかもしれない。

だが、ついに成果を公表する日がやってきた。南部は1959年7月、米物理学会が発行する学術誌『フィジカル・レビュー』に論文を投稿、1960年2月に掲載された。論文のタイトルは「超伝導理論における準粒子とゲージ不変性」。南部らしく実直で飾り気のない専門用語が並んでいた。

自信持てずグズグズと

BCS理論を自己流に書き直した南部が続いて打った手は何だったのだろうか。歴史を振り返れば、南部が次に書く論文こそがノーベル賞の対象となる重要な論文なのだが、実のところ南部はなかなか論文を書けずグズグズとしていた。

南部は、1979年に友人のヒュー・デビッド・ポリツァー（のちに漸近的《ぜんきんてき》自由性《じゆうせい》の発見でノーベル物理学賞を受賞）と対談した際に、次のような心境を吐露している。少し長くなるが引用してみよう。

「『自発的破れ』の研究をしていた時には、

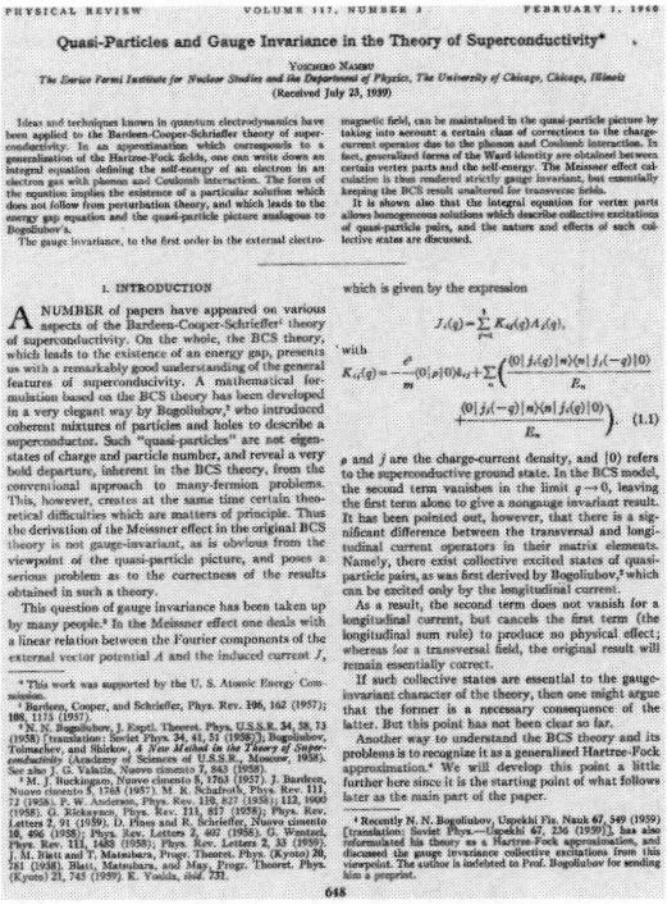

PHYSICAL REVIEW　VOLUME 117, NUMBER 3　FEBRUARY 1, 1960

Quasi-Particles and Gauge Invariance in the Theory of Superconductivity*

Yoichiro Nambu

The Enrico Fermi Institute for Nuclear Studies and the Department of Physics, The University of Chicago, Chicago, Illinois

(Received July 23, 1959)

Ideas and techniques known in quantum electrodynamics have been applied to the Bardeen-Cooper-Schrieffer theory of superconductivity. In an approximation which corresponds to a generalization of the Hartree-Fock fields, one can write down an integral equation defining the self-energy of an electron in an electron gas with phonon and Coulomb interaction. The form of the equation implies the existence of a particular solution which does not follow from perturbation theory, and which leads to the energy gap equation and the quasi-particle picture analogous to Bogoliubov's.

The gauge invariance, to the first order in the external electromagnetic field, can be maintained in the quasi-particle picture by taking into account a certain class of corrections to the charge-current operator due to the phonon and Coulomb interaction. In fact, generalized forms of the Ward identity are obtained between certain vertex parts and the self-energy. The Meissner effect calculation is thus rendered strictly gauge invariant, but essentially keeping the BCS result unaltered for transverse fields.

It is shown also that the integral equation for vertex parts allows homogeneous solutions which describe collective excitations of quasi-particle pairs, and the nature and effects of such collective states are discussed.

I. INTRODUCTION

A NUMBER of papers have appeared on various aspects of the Bardeen-Cooper-Schrieffer[1] theory of superconductivity. On the whole, the BCS theory, which leads to the existence of an energy gap, presents us with a remarkably good understanding of the general features of superconducivity. A mathematical formulation based on the BCS theory has been developed in a very elegant way by Bogoliubov,[2] who introduced coherent mixtures of particles and holes to describe a superconductor. Such "quasi-particles" are not eigenstates of charge and particle number, and reveal a very bold departure, inherent in the BCS theory, from the conventional approach to many-fermion problems. This, however, creates at the same time certain theoretical difficulties which are matters of principle. Thus the derivation of the Meissner effect in the original BCS theory is not gauge-invariant, as is obvious from the viewpoint of the quasi-particle picture, and poses a serious problem as to the correctness of the results obtained in such a theory.

This question of gauge invariance has been taken up by many people.[3] In the Meissner effect one deals with a linear relation between the Fourier components of the external vector potential A and the induced current J, which is given by the expression

$$J_i(q)=\sum_{j=1}^{3}K_{ij}(q)A_j(q),$$

with

$$K_{ij}(q)=-\frac{e^2}{m}\langle 0|\rho|0\rangle\delta_{ij}+\sum_n\left(\frac{\langle 0|j_i(q)|n\rangle\langle n|j_j(-q)|0\rangle}{E_n}+\frac{\langle 0|j_j(-q)|n\rangle\langle n|j_i(q)|0\rangle}{E_n}\right). \quad (1.1)$$

ρ and j are the charge-current density, and $|0\rangle$ refers to the superconductive ground state. In the BCS model, the second term vanishes in the limit $q\rightarrow 0$, leaving the first term alone to give a nongauge invariant result. It has been pointed out, however, that there is a significant difference between the transversal and longitudinal current operators in their matrix elements. Namely, there exist collective excited states of quasi-particle pairs, as was first derived by Bogoliubov,[2] which can be excited only by the longitudinal current.

As a result, the second term does not vanish for a longitudinal current, but cancels the first term (the longitudinal sum rule) to produce no physical effect; whereas for a transversal field, the original result will remain essentially correct.

If such collective states are essential to the gauge-invariant character of the theory, then one might argue that the former is a necessary consequence of the latter. But this point has not been clear so far.

Another way to understand the BCS theory and its problems is to recognize it as a generalized Hartree-Fock approximation.[4] We will develop this point a little further here since it is the starting point of what follows later as the main part of the paper.

* This work was supported by the U. S. Atomic Energy Commission.

[1] Bardeen, Cooper, and Schrieffer, Phys. Rev. 106, 162 (1957); 108, 1175 (1957).

[2] N. N. Bogoliubov, J. Exptl. Theoret. Phys. U.S.S.R. 34, 58, 73 (1958) [translation: Soviet Phys. 34, 41, 51 (1958)]; Bogoliubov, Tolmachev, and Shirkov, *A New Method in the Theory of Superconductivity* (Academy of Sciences of U.S.S.R., Moscow, 1958). See also J. G. Valatin, Nuovo cimento 7, 843 (1958).

[3] M. J. Buckingham, Nuovo cimento 5, 1763 (1957). J. Bardeen, Nuovo cimento 5, 1765 (1957). M. R. Schafroth, Phys. Rev. 111, 72 (1958). P. W. Anderson, Phys. Rev. 110, 827 (1958); 112, 1900 (1958). G. Rickayzen, Phys. Rev. 111, 817 (1958); Phys. Rev. Letters 2, 91 (1959). D. Pines and R. Schrieffer, Nuovo cimento 10, 496 (1958); Phys. Rev. Letters 2, 407 (1958). G. Wentzel, Phys. Rev. 111, 1488 (1958); Phys. Rev. Letters 2, 33 (1959). J. M. Blatt and T. Matsubara, Progr. Theoret. Phys. (Kyoto) 20, 781 (1958). Blatt, Matsubara, and May, Progr. Theoret. Phys. (Kyoto) 21, 745 (1959). K. Yosida, *ibid.* 731.

[4] Recently N. N. Bogoliubov, Uspekhi Fiz. Nauk 67, 549 (1959) [translation: Soviet Phys.—Uspekhi 67, 236 (1959)], has also reformulated his theory as a Hartree-Fock approximation, and discussed the gauge invariance collective excitations from this viewpoint. The author is indebted to Prof. Bogoliubov for sending him a preprint.

648

BCS理論を解析した南部の研究論文

まわりに誰も励ましてくれる人はいませんでしたね。（中略）それで自分としてもこれ以上つっ込んでいっていいのかどうかわからなかった。（中略）ともかく論文を書こうというつもりはあったんだが、いつ、どういう形で出すかについては自信がなかったんです」

要は、南部は自分の研究に自信が持てず、論文を書いてもはたして学界に受け入れられるのかと怖がって、なかなか行動を起こせなかったのだ。対称性が自発的に破れたときに発生する質量ゼロの謎の粒子の正体もはっきりさせねばならない。この粒子は未知の新しい粒子なのか、それとも実験で存在が確認されている既知の粒子なのだろうか。

BCS型の現象を系統的に調査

南部は自分に自信をつけようとしたのか、自然界で対称性が自発的に破れる実例を系統的に探しはじめた。具体的な事例を数多く集めて、自説を発表したときに浴びせられるかもしれない批判に対処できるようにしたのだ。

対称性が自発的に破れる一例は、磁石に使われる鉄やニッケルなどの強磁性体だ。強磁性体はいわば同じ方向を向いた小さな磁石の集まり。数多くのミクロな磁石が乱れることなく向きをそろえているので、強磁性体は自発磁化を備えた強い磁石となる。ところが強磁性体を高温に温めると、個々の磁石は勝手にあちらこちらを向き、強力な磁性は失われてしまう。

では、このうちどちらが対称性のある状態なのだろうか。いささかわかりにくいが、正解は高温にしたあとの状態。ミクロの磁石の向きがバラバラなほうが、対称性が保たれている状態だ。

しばらく前に、自発的対称性の破れを説明するときに使ったディナーのテーブルを思い出してほしい。誰か一人が右のグラスに腕を伸ばしたのをきっかけに、誰もがそろって右手を伸ばしてグラスをとり対称性が崩れたケースと同様、小さな磁石の方向がそろった状態は、実は対称性が破れた状態なのである。

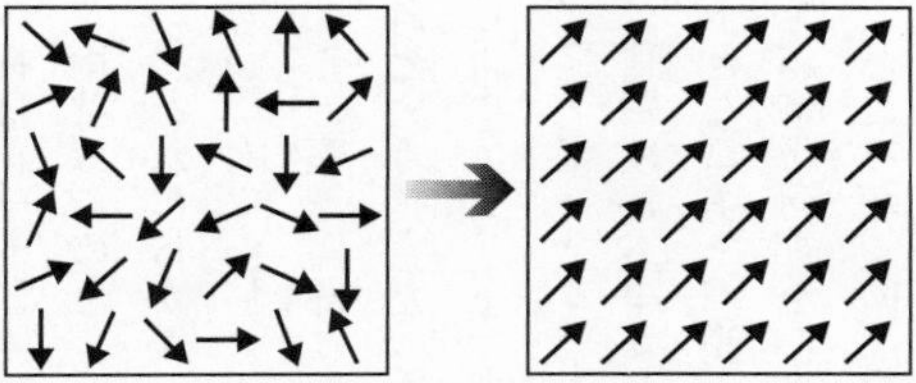

ミクロな磁石の群れに対称性の破れが起きる結果、強磁性体ができる

物性物理の分野では、超伝導や強磁性体など、自発的対称性の破れの概念を含む現象が多くみられる。だが南部以前の研究者たちはそれに気づいていなかった。それほど自発的対称性の破れは察知しにくい概念だった、といえる。

シカゴ大教授に就任、東大からオファー

そうこうしている間に、南部の身の回りには大きなできごとがいくつも起きた。まず、南部は1958年10月に、シカゴ大学エンリコ・フェルミ研究所（原子核研究所）の教授に昇格した。研究所の

教授は自動的に物理学科の教授を兼任した。

南部はこのとき、BCS理論を自己流に書き直す作業の真っ最中。目立つ成果をあげてはいない。それにもかかわらず准教授から教授への昇格が認められたのは、すでにこの時期に南部の実力が学内で正しく認識されていたからだろう。

この頃、南部には日本の東京大学からもオファーが舞い込んだ。母校に戻り、教鞭をとってくれという招きだった。長男の潤一はもうしばらくすると小学校の高学年になる。南部の耳には、「子供が大きくなると日本には帰りにくくなる。早めに帰国しないと学校の勉強についていきにくくなる」という日本の学校事情も届いていた。

潤一は日本語より英語の読み書きが得意な子供に育っていた。帰国にはそろそろタイムリミットとなる頃で、潤一のことを思うと東大からの復帰要請は渡りに船だった。もともとプリンストン高等研究所から移った当初、南部はシカゴ大学には2年ほどしかいるつもりはなかった。

ところが、南部を憂慮させる事件が起きた。潤一がリンフォーマと疑われる重い病気を患ってしまったのだ。リンフォーマは悪性リンパ腫とも呼ばれる血液系のがん。いったん回復してもその後、数年にわたって経過を慎重に観察せねばならないたぐいの病気だ。この時期、医療技術のレベルは米国が日本をはるかにしのいでいた。それを思うと日本への帰国はなかなかできない選択だった。悩んだ末に南部は、東大へ断りの連絡を入れた。

日本からの招聘は一度ではなかっただろう。だが家族を大切にする南部はそのつど、米国に残る判断を重ね、帰国の機会を逸してしまったかに見える。

ヨナ・ラシニオとランダウとの出会い

南部がようやく研究成果の一端を披露しはじめたのは、１９５９年夏にウクライナの首都キエフで開催された高エネルギー物理学国際会議が最初だっただろうか。南部は会議の直前、これから南部の代えがたい重要な部下となって働いてくれるイタリア人のジョヴァンニ・ヨナ・ラシニオと出会った。ヨナ・ラシニオは、のちにノーベル賞授賞式を南部が欠席したとき、代わって受賞講演を引き受ける研究者である。

ジョヴァンニ・ヨナ・ラシニオ（The Academy of Europe）

出会いは偶然だった。南部は会議の前にローマに立ち寄ってセミナーを開いた。その場に居合わせたのが若手のヨナ・ラシニオだ。彼は南部理論の一端を聞いて、南部のもとで研究をしたい、という気持ちを抱いたらしい。

国際会議でも成果があった。液体ヘリウムの理論的研究で名高いソ連の大物研究者レフ・ランダウと知り合ったことだ。

会議の終了後、モスクワに数日滞在し、ランダウの研究所を訪問して話してみると、ランダウは実に才気煥発で面白い人だということがわかった。彼は以前に南部がシカゴ大学で執筆していたグリーン関数の表示法についての論文を引用してくれてもいた。グリーン関数は微分方程式や偏微分方程式の解法によく使われる関数である。

レフ・ランダウ（アフロ）

当時、ソ連の若い物理学者の大半はランダウの息がかかっているといわれるほど、彼は大物だった。ランダウはこの3年後にノーベル物理学賞を受賞する。そんな理論物理の大家と交友関係を築けて、南部は誇らしく感じた。

ゴールドストーンから届いた衝撃の予稿論文

南部が米国で初めて研究成果を語ろうとしたのは、米国中西部の大学が持ち回りで開催している理論物理の学会だった。１９６０年4月に米パデュー大学で催された学会に南部は講演者として招かれたのだ。パデュー大学は、２０１０年にノーベル化学賞を受賞した根岸英一が在籍した名門の公立大学である。

しかし、南部はシカゴを離れられなくなってしまった。以前から芳しくなかった長男潤一の容態がなかなか好転せず、南部は出席を断念。研究室に迎え入れたばかりのポスドクのヨナ・ラシニオに出席を頼んだ。

南部はあらかじめ学会の事務局に、会議録に収録する講演用のプレプリントを提出しておいた。ヨナ・ラシニオは南部から渡された「素粒子の超伝導体モデルとその帰結」と題した講演原稿をそつなく読み上げ、学会は大過なく終わったかにみえた。

ジェフリー・ゴールドストーン
（American Institute of Physics）

ところが、予想だにしなかった波乱が起きた。学会が閉幕してほどなく、南部に英国のゴールドストーンという若手研究者から査読前のプレプリントが届けられたのだ。プレプリントといっても、こちらのほうは学術雑誌への投稿を意識した本格的な論文の一歩手前のものだった。

ゴールドストーンは南部が書いた講演用のプレプリントを読んだのか、それともヨナ・ラシニオの講演を聴いたのかは判然としない。彼はこのとき、欧州合同原子核研究機構（ＣＥＲＮ）に在籍していたらしい。

だが、対称性の破れに関して鋭い問題意識を持っていた彼は、南部のいわんとするところを理解し、すぐに論文を執筆しはじめたらしい。南部はゴールドストーンがどこの誰か、おそらく知らなかっただろう。だが南部は届けられたプレプリントを一読して凍りついた。そこには「mass zero bosons（質量ゼロの粒子）」の文言が見えたからだ。

ゴールドストーンは論文の冒頭で、南部のプレプリントの内容を引用しながら、自発的対称性の破れを起こす事例で最も簡単とされる、瓶の底が盛り上がったワイン・ボトル型のケースを例示。「対称性が自発的に破れると質量ゼロの粒子が発生する」と指摘していた。論文自体は一日もあれば書ける、と思えるほどの簡潔なものだった。

南部はのちにこのときの事件を回顧し「これはしまった、と思った」と書き残している。しかし、実情はそんな軽い言葉で言い表せない深刻なものだった。南部はまだ、著名な論文誌に掲載し、世界に成果をアピールするための論文を執筆していなかったからだ。自分のアイデアを学会の会合などで少しずつ披露し「そろそろ本格的な論文を書こうか」と具体例を集めていた南部は、最後のコーナーでゴールドストーンに差されてしまった。

こうして、南部に敬意を表して「南部粒子」と呼ばれるべきだった粒子は、あろうことか世界の研究者から「ゴールドストーン粒子」と呼ばれるようになってしまった。

「とんびに油揚げをさらわれた」

幸いにも現代では、南部の研究成果は正当に評価され、名称は「南部ゴールドストーン粒子」に落ち着いている。だが当時の南部にとって、このできごとは悔やんでも悔やみきれない痛恨の事件だった。

南部は１９７７年に日本物理学会が刊行した「日本物理学会のあゆみ特集号」に「素粒子論研究」と題した原稿を寄せ、「とんびに油揚げをさらわれたような気がした」と当時の一件を回顧した。ふだんは穏やかな紳士で我慢強い南部が、このように感情を露わにするのはきわめて珍しいことだった。

南部の無念さ、悔しさはよくわかる。しかし、ゴールドストーンを非難することはできない。彼は法制度の面でもモラルや倫理の面でも、悪事は一切、働いていない。ゴールドストーンは、ただ南部の講演の内容に刺激を受けて、いち早く「質量ゼロ」の粒子を指摘したにすぎない。

むしろこの事件で批判されるべきは、南部の不注意、ワキの甘さだろう。競争が激しい学術・研究の世界は、著名な学術誌で最初に研究論文を発表した者がプライオリティ（優先権）を確保して勝者となる。だから現代の研究者は研究論文が論文誌に掲載されるまで、成果をほとんど口にはしない。不用意に成果を口にするとライバルに出し抜かれる恐れがあるからだ。

だが、シカゴ大学の家族主義的なふれあいの中で育った南部には、こうした警戒心が希薄だった。フェルミ研究所では頻繁に所内セミナーが開かれ、誰でも自由に、いまやっている研究や、いずれやろうと温めているアイデアを語っていた。

　煎じつめれば〝温室〟で育った南部の口は軽かった。南部の失敗は、生き馬の目を抜く事件がしばしば起きる学術の世界を甘くみた本人の甘さがもたらしたものだった。

　しかし、何でもしゃべれるシカゴ大学のセミナーの雰囲気を愛した南部は、ついつい成果を口にしてしまう。それが南部という研究者だった。

PHYSICAL REVIEW　VOLUME 122, NUMBER 1　APRIL 1, 1961

Dynamical Model of Elementary Particles Based on an Analogy with Superconductivity. I*

Y. NAMBU AND G. JONA-LASINIO†
The Enrico Fermi Institute for Nuclear Studies and the Department of Physics, The University of Chicago, Chicago, Illinois
(Received October 27, 1960)

It is suggested that the nucleon mass arises largely as a self-energy of some primary fermion field through the same mechanism as the appearance of energy gap in the theory of superconductivity. The idea can be put into a mathematical formulation utilizing a generalized Hartree-Fock approximation which regards real nucleons as quasi-particle excitations. We consider a simplified model of nonlinear four-fermion interaction which allows a γ_5 gauge group. An interesting consequence of the symmetry is that there arise automatically pseudoscalar zero-mass bound states of nucleon-antinucleon pair which may be regarded as an idealized pion. In addition, massive bound states of nucleon number zero and two are predicted in a simple approximation.
The theory contains two parameters which can be explicitly related to observed nucleon mass and the pion-nucleon coupling constant. Some paradoxical aspects of the theory in connection with the γ_5 transformation are discussed in detail.

I. INTRODUCTION

IN this paper we are going to develop a dynamical theory of elementary particles in which nucleons and mesons are derived in a unified way from a fundamental spinor field.[1] In basic physical ideas, it has thus the characteristic features of a compound-particle model, but unlike most of the existing theories, dynamical treatment of the interaction makes up an essential part of the theory. Strange particles are not yet considered.

The scheme is motivated by the observation of an interesting analogy between the properties of Dirac particles and the quasi-particle excitations that appear in the theory of superconductivity, which was originated with great success by Bardeen, Cooper, and Schrieffer,[2] and subsequently given an elegant mathematical formulation by Bogoliubov.[3] The characteristic feature of the BCS theory is that it produces an energy gap between the ground state and the excited states of a superconductor, a fact which has been confirmed experimentally. The gap is caused due to the fact that the attractive phonon-mediated interaction between electrons produces correlated pairs of electrons with opposite momenta and spin near the Fermi surface, and it takes a finite amount of energy to break this correlation.

Elementary excitations in a superconductor can be conveniently described by means of a coherent mixture of electrons and holes, which obeys the following equations[3,4]:

$$E\psi_{p+}=\epsilon_p\psi_{p+}+\phi\psi_{-p-}^*,\qquad E\psi_{-p-}^*=-\epsilon_p\psi_{-p-}^*+\phi\psi_{p+},\tag{1.1}$$

near the Fermi surface. ψ_{p+} is the component of the excitation corresponding to an electron state of momentum p and spin $+$(up), and ψ_{-p-}^* corresponding to a hole state of momentum p and spin $+$, which means an absence of an electron of momentum $-p$ and spin $-$(down). ϵ_p is the kinetic energy measured from the Fermi surface; ϕ is a constant. There will also be an equation complex conjugate to Eq. (1), describing another type of excitation.

Equation (1) gives the eigenvalues

$$E_p=\pm(\epsilon_p^2+\phi^2)^{\frac{1}{2}}.\tag{1.2}$$

The two states of this quasi-particle are separated in energy by $2|E_p|$. In the ground state of the system all the quasi-particles should be in the lower (negative) energy states of Eq. (2), and it would take a finite energy $2|E_p|\geqslant 2|\phi|$ to excite a particle to the upper state. The situation bears a remarkable resemblance to the case of a Dirac particle. The four-component Dirac equation can be split into two sets to read

$$E\psi_1=\sigma\cdot p\psi_1+m\psi_2,\qquad E\psi_2=-\sigma\cdot p\psi_2+m\psi_1,\qquad E_p=\pm(p^2+m^2)^{\frac{1}{2}},\tag{1.3}$$

where ψ_1 and ψ_2 are the two eigenstates of the chirality operator $\gamma_5=\gamma_1\gamma_2\gamma_3\gamma_4$.

According to Dirac's original interpretation, the ground state (vacuum) of the world has all the electrons in the negative energy states, and to create excited states (with zero particle number) we have to supply an energy $\geqslant 2m$.

In the BCS-Bogoliubov theory, the gap parameter ϕ, which is absent for free electrons, is determined essentially as a self-consistent (Hartree-Fock) representation of the electron-electron interaction effect.

* Supported by the U. S. Atomic Energy Commission.
† Fulbright Fellow, on leave of absence from Instituto di Fisica dell' Universita, Roma, Italy and Istituto Nazionale di Fisica Nucleare, Sezione di Roma, Italy.
[1] A preliminary version of the work was presented at the Midwestern Conference on Theoretical Physics, April, 1960 (unpublished). See also Y. Nambu, Phys. Rev. Letters 4, 380 (1960); and Proceedings of the Tenth Annual Rochester Conference on High-Energy Nuclear Physics, 1960 (to be published).
[2] J. Bardeen, L. N. Cooper, and J. R. Schrieffer, Phys. Rev. 106, 162 (1957).
[3] N. N. Bogoliubov, J. Exptl. Theoret. Phys. (U.S.S.R.) 34, 58, 73 (1958) [translation: Soviet Phys.-JETP 34, 41, 51 (1958)]; N. N. Bogoliubov, V. V. Tolmachev, and D. V. Shirkov, *A New Method in the Theory of Superconductivity* (Academy of Sciences of U.S.S.R., Moscow, 1958).
[4] J. G. Valatin, Nuovo cimento 7, 843 (1958).

345

自発的対称性の破れについて論じた南部のノーベル賞受賞論文

悔しさかみ殺し書いたノーベル賞論文

　起きてしまったことはしかたがない。南部は悔しさをかみ殺し、落ち込みがちな気持ちを奮い立たせ、論文を執筆しはじめた。いま、やるべきことは、ともあれ論文を書き上げ、学術誌に投稿することだ。南部は昼夜を分かたず一生懸命、原稿を書いた。米物理学会が発行する学術誌

『フィジカル・レビュー』に論文を投稿したのは10月だった。

その論文がこれだ。タイトルは「超伝導との類似性に基づく素粒子の動力学モデル（Dynamical Model of Elementary Particles Based on an Analogy with Superconductivity）」。翌1961年4月に掲載された。これこそがのちに、ノーベル物理学賞の対象となる論文である。

南部の受賞論文は2つの論文からなる長大・重厚な作品で、2作目は同じタイトルでヨナ・ラシニオが執筆し、1961年10月に『フィジカル・レビュー』に掲載された。一方、ゴールドストーンは1960年の9月にイタリア物理学会の論文誌『Nuovo Cimento』に研究論文を投稿し、翌1961年の1月に発行された号に掲載された。

論文の内容を比較すれば、内容は南部のほうがはるかに重厚だ。しかし論文の掲載時期はゴールドストーンが3ヵ月早い。こうしてゴールドストーンの名前は世界に知れわたった。

南部は江口と西島に救われた

それでは南部の名誉は、いつ、どのように回復されたのだろうか。自発的対称性の破れの理論を最初に提唱したのは南部であることを、世界の研究者に知らしめたのは誰だったのだろうか。

南部を窮地から助け出したのは、江口徹と西島和彦の二人だった。江口は1970年代にシカゴ大学の南部研究室に身を置き、南部にその才能を愛された研究者。西島和彦は南部が大阪市立大学の教授だったときの助手で、のちの米イリノイ大学教授だ。

江口が旧知の西島と連絡をとりあって南部の論文集をつくりはじめたのは、南部の「ノーベル賞論文」から30年ほどが過ぎた1990年代のことだった。江口は南部の論文執筆には立ち会っていない。しかし、南部のもとにいてわかったことがある。それは名誉欲が皆無にみえて淡々としている南部が、自発的対称性の破れの理論のこととなると、執着心を隠さないことだった。

南部の頭脳は湯水のごとく新しいアイデアを生み出した。しかし最高傑作の一つである自発的対称性の破れの理論が、他者の名前で語られるのは南部にとってつらいことだった。南部が1960年にヨナ・ラシニオに代読させた講演で研究成果を明らかにしたことは、南部をよく知る少数の関係者にはよく知られている。講演の内容は学会の会議録の形で一応は残されてもいる。

しかし学会の会議録は論文と違って、学術社会にそんなに出回るものではない。世界の研究者がふだん目にするのは研究論文だ。そして論文を尺度にするかぎり、「自発的に対称性が破れると質量ゼロの粒子が発生する」と世界で最初に指摘したのは、英国のゴールドストーンに見えてしまう。

南部にはこの事態が、自己が否定されて存在意義がなくなってしまったように感じられたし、そばにいた江口も、時折みせる無念の南部の表情から、「ああ先生は悔しい思いをされている」と感じとった。ならば南部の名誉を回復するために「きちっとした論文集をつくっておかねばならない」。こうして南部の名誉回復プロジェクトは江口と西島によって始まった。江口と西島の狙いは、南部がゴールドストーンより先行していたことを示す強力なエビデンスといえる米パデュー大学での南部の講演論文を南部論文集に取り込み、「オリジナリティは南部にある」「研究の一番手は南部である」ことを世界に知らせ、納得させることだった。

南部論文選集を出版

二人は南部が執筆していた約150の論文の中から、それぞれが「落とすことができない」と判断した論文を選んでつきあわせ、最終的に40編ほどの主要論文を選び出した。

その中にはもちろん、パデュー大学での南部の講演論文も入っていたし、のちにノーベル賞の対象となる自発的対称性の破れの論文も収録されていた。パデュー大学の講演論文は、ボロボロになっていたプレプリントを江口らが改めてタイプしなおし、読みやすくしたものだった。

江口と西島は論文集の冒頭に、終戦後、東大に復帰してからの約30年の歩みを南部が日本語でつづった「素粒子論研究」（1977年に『日本物理学会誌』に掲載）も英訳して載せた。この中には、①南部がBCS論文を解析、②ヨナ・ラシニオがパデュー大学で講演原稿を代読、③ゴールドストーンからプレプリント到着——の経緯が詳細に書き込まれており、先駆者は南部であることが明確に示されていた。

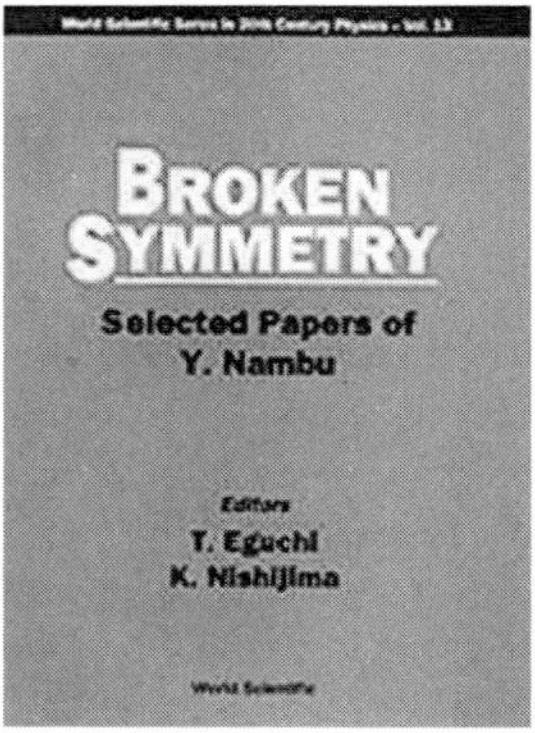

1995年に出版された南部陽一郎論文選集

1995年にワールドサイエンティフィック社から出版された刮目すべき論文集のタイトルは「壊れた対称性：南部論文選集（Broken Symmetry：Selected Papers of Y. Nambu）」。467ページ、厚さは約3センチに及ぶ重厚な論文集である。

江口と西島の究極の利他行為

南部論文集の刊行を機に、自発的対称性の破れに関する研究の優先権は南部にある、との認識は徐々に世界に浸透しはじめた。もし二人が論文集を出版しなかったら、南部のノーベル賞受賞は困難をきわめたことだろう。その点で彼らは「ノーベル賞受賞者、南部陽一郎」を誕生させた最高の功労者といえるだろう。

江口も西島も、ともに南部の元に一度はいた研究者だ。日本人の感覚では部下の研究者が師のために汗水を流すのは美しいしきたりと思われるかもしれない。しかし、これほどの利他行為はそうそうできることではない。論文を集大成して南部に喜ばれても、これで江口と西島の学問的評価が高まるほど学術の世界は甘くない。それでも二人は南部を救わずにはいられなかった。

江口によると、南部には論文を書かないうちに人前で研究成果を軽々にしゃべってしまう愛すべき短所と悪い癖があった。いささか警戒心が薄くしまりのない困ったボスを、しっかり者の自分が助けてあげねば――江口の心境は察するとこんなものだったのかもしれない。

江口には、東大のカブリ数物連携宇宙研究機構の2代目の機構長を務める大栗博司が京大大学院の修士課程に在籍し、まだ博士号を持っていないときに、才能を見抜き東大の助手にスカウトした、という逸話が残る。研究者の才を見抜く目も江口は頭抜けていた。大栗はのちにシカゴ大学に渡り、南部のもとで助教授を務めた。南部にとって大栗は門下生でもあり、門下生である江口の門下生でもある珍しい存在だ。

若き日の江口と南部（1977年撮影）

自分の研究の時間をさいて論文集を一生懸命つくってくれた江口への感謝を、南部は粋な形で返した。大切に持っていた「宝物」を江口に贈ったのだ。南部が天寿をまっとうする2年前のことだった。宝物とは、南部が米国のプリンストン高等研究所で面会を果たし、サインをもらったアインシュタインの著書『晩年に想う』だった。

終戦直後に東大に復帰した南部は、『晩年に想う』を翻訳した。アインシュタインは、日本で出版された翻訳本と海外

江口に贈られた『晩年に想う』の原本とA.Einsteinの署名

で出版された原本の両方に署名して南部に返し、南部はこの2冊を大切に保管してきた。南部が江口に贈呈したのはそのうち原本のほうで、翻訳本は中村誠太郎に贈られた。どちらも、この世に二つとない20世紀の科学遺産である。

「自発的対称性の破れ」を言いはじめたのは誰？ 物理学ことはじめ

自発的対称性の破れは英語では「spontaneous breakdown」や「spontaneous symmetry breaking」と表記される。これらの表現は南部自身が考案したものかと思われがちだが、そうではない。南部によれば「spontaneous breakdown」の由来はシェルドン・グラショーとM・ベーカーの二人である。グラショーは電磁気力と、原子核内で働く弱い力を統合する電弱理論の創始者として知られる米国の物理学者。彼らは南部論文が発表された翌年の１９６２年、「Spontaneous Breakdown of Elementary Particle Symmetries（素粒子の自発的対称性の破れ）」と題した論文を米『フィジカル・レビュー』に掲載した。

京大の坂東が南部論文に感動

南部論文が発表された直後の学界の反応を少し紹介しておこう。最もビビッドに反応したのは当時、京都大学にいた若い大学院生の男女だった。

「米国に行ってる南部さんが面白いことをやったらしいで」

「えっ、どんな話なの？」

「いや、どうも物性理論を素粒子物理に持ち込んだらしい」

女性のほうは当時、大学院修士課程の2年生だった坂東昌子（当時の姓は中山）。京大物理学科で素粒子物理学を学び湯川研究室に入った彼女は、友人たちと勉強会を頻繁に開いていた。坂東はのちに、愛知大学の理事や日本物理学会会長を務める人物である。相手のほうは、南部論文の噂を耳にして彼女に知らせにやってきた坂東弘治。坂東は原子核物理学を専攻しており、二人はのちに結婚する間柄だった。

坂東昌子は商人の街、大阪で1937年に生まれた。湯川秀樹がノーベル賞を受賞したと聞いたのは12歳のときだったろうか。「女性が大学に行くと嫁のもらい手がなくなる」と平然と語られていた昭和の時代、物理が大好きだった少女は勉強に励み、京大に入学を果たした。坂東弘治は昌子の家の近所に住んでいた。二人は中学校も高校もずっと同級生で、「一緒に京大にいこう」と励ましあった仲だった。

坂東たちはよく勉強していた。まだ修士課程の学生にすぎないのに、ソ連のランダウが書いた物性分野の論文を手に入れて一緒に勉強をしていた。おかげで超伝導のBCS理論に刺激を受けた南部理論を目にしても、すんなり受け入れることができた。素粒子物理学だけに関心を示し、専門外の領域には興味をもたなかった学生たちの目に、南部理論は奇抜な理論に映っていたかもしれない。だが広く物性にも興味を持った坂東たちは、南部の成果に敏感に反応できた。

「南部先生は、超伝導のBCS理論で電磁気学的な対称性が壊れていることに気がつき、なぜ壊れているかをとことん考え続けられた」「誰でも同じ問題意識は持てるかもしれない。でもそれを徹底的に詰めたのは南部先生だけだった」。坂東が強調してやまない南部の魅力と凄みの数々である。

坂東が学んだこの時期の京大では、南部が東大物理学科で学んだ頃、一緒に素粒子分野の論文や本を読みあさった林忠四郎が、理学部の教授に就いていた。彼は京大で専門を天体物理学へと変更し、成功をおさめていた。坂東はのちにノーベル物理学賞を受賞する益川敏英や小林誠と京大で研究室の同僚となり、益川とは一緒に論文を書いた。1970年代のことである。

坂東は２０１４年、自然科学の分野で顕著な研究業績を挙げた女性に贈られる湯浅年子賞を受賞した。賞を授かった理由は「対称性の自発的破れに隠れた局所対称性の研究ならびに女性研究者と若手研究者の支援活動」。南部理論を発展させた研究が評価されたことに、坂東の喜びはひとしおだった。

西島でさえ理解に苦しんだ南部理論

もっとも坂東たちの反応は例外的なものだった。南部論文を即座に理解し、高い評価を与えた研究者は当時、そう多くはいなかった。そもそも南部論文は難解で、そのわかりにくさは格別だった。

なぜだろう。それは素粒子物理学の研究者の中に、超伝導のＢＣＳ理論をわかっている者がほとんどいなかったからだ。ＢＣＳ理論をわかっていない研究者に、南部理論を理解せよ、というのはかなり難しい注文だ。

江口と一緒に南部陽一郎論文集をつくった西島和彦も、実は南部理論に困惑した一人だった。パデュー大学でヨナ・ラシニオが南部の代わりを務めた講演を、西島はその場で聞いていた。しかし、南部が何を言いたいのか、西島にはすぐにはわからなかった。日本でも米国でも南部の身近にいた西島がこうなのだから、ほかは推して知るべしというところだろう。

南部ゴールドストーン粒子の正体は？

ここまで深入りを避けてきた南部ゴールドストーン粒子の正体についても語っておこう。南部理論は対称性が破れたときに質量ゼロの粒子が発生する、と予測する。では、この粒子は未知の新しい粒子なのか、それとも既知の粒子なのだろうか。

南部が注目したのは、パイ中間子だった。かつて湯川が核力を伝える粒子として存在を予言した、パイオンとも湯川粒子とも呼ばれる中間子である。もし、この見立てが正しいなら、南部はパイ中間子によって湯川と深く結ばれる。

だが、南部の想定には不愉快で悩ましい問題がつきまとった。理論上、南部ゴールドストーン粒子は質量がゼロでなければならない。しかし現実のパイ中間子には質量がある。陽子や中性子の7分の1程度の質量を持っているのだ。

この点をどうクリアするのか。一部の研究者からは「南部は間違っている」という厳しい意見が出され、その声は南部の耳に幾度となく届いた。もっとも、意外と南部はタフだった。「確かにパイ中間子の質量はゼロではないが、十分に軽いから、大局的に見れば質量をゼロとみなしていいのではないか」と指摘し、批判の声に立ち向かったのである。

南部は2005年に京都大学基礎物理学研究所で「基礎物理学──過去と未来──」と題して行っ

た講演でも同じ見解を披露している。

「問題になるのはパイ中間子に質量があるということで、南部ゴールドストーン粒子の質量はゼロでないと困ります。そこで私は、一つの大胆な飛躍でしたが、核子よりパイ中間子の質量は小さいから、それを無視してしまったらよいことに気がついたのです」

対称性といっても、厳格な対称性もあれば、さほど厳密ではない対称性もある。自然界にはもともと少し壊れている対称性もあり、この状況で発生する粒子の質量は、必ずしもゼロでなくてよい――南部の思いはきっとこんなところにあったのだろう。

物理学ことはじめ

磁石のテーブル

大阪・中之島にある大阪市立科学館には、自発的対称性の破れの現象を肉眼で見てわかる「磁石のテーブル」がある。テーブルを撮影した写真をご覧いただきたい。街で簡単に手に入る方位磁石が1000個ほど敷き詰められていて、備え付けの棒磁石を手に持ってでたらめに動かすと、個々の方位磁石はあちらこちら勝手な方向に向く。

大阪市立科学館の「磁石のテーブル」

ソルベー会議出席と11年ぶりの里帰り

しかし、しばらくすると不思議なことが起きる。方位磁石がいくつかの集団をつくり、個々の集団は魚の群れのように向きをそろえるのだ。何度やっても結果は同じだ。磁石はいくつかの集団ごとに、そろってどこかの方向に向いてしまう。これこそが、目に見える形で起きた自発的対称性の破れの現象である。

斎藤吉彦館長

考案者は大阪市立科学館6代目館長の斎藤吉彦。科学館の学芸員だった1999年に方位磁石を使った起電力の展示模型をつくった際、偶然、この現象を発見した。斎藤は感激を友人や知人に一生懸命語ったが、ほとんどの人は「磁石が並んだだけで何が面白いの」と冷ややかだった。南部は自発的対称性の破れの理論がなかなか周囲の理解を得られず苦しんだ。斎藤はその苦しみを追体験したことになる。

大阪市立科学館の初代館長は、大阪市大で南部が率いた理論物理学グループで助手を務めた中野董夫。斎藤は中野に声をかけられ科学館の学芸員になった経緯がある。

南部が１９６１年に湯川秀樹、朝永振一郎とともにソルベー会議に招かれたことも書いておかねばならない。ベルギーのブリュッセルを開催地とするこの会議は、出席者が20人前後と小規模ながらも、物理学の発展に貢献してきた由緒ある国際会議だ。「電子と光子」をテーマに開かれた１９２７年の会議には、アインシュタインやパウリ、ハイゼンベルク、ディラックといった超一流の研究者が出席した。

南部が出席した年の会議のテーマは「量子場の理論」。南部が自発的対称性の破れの論文を書き終えて少ししてからの会議だった。南部理論が世界に知れわたるのはまだしばらく先のこと。しかし、大御所二人との国際会議での同席は、この時期、南部が日本を代表する理論物理学者として認識されはじめていた証といえるかもしれない。

南部が米国に渡ってから日本への初の帰国をはたしたのは、この会議から2年後の１９６３年のことだった。11年ぶりの里帰りである。代表作となる研究論文を書き上げただけでなく、湯川らにまじって著名な会議に出席した南部にはある種の自信と心の余裕が芽生え、帰国を思い立ったのだろうか。

このとき、長男の潤一は中学生。渡米後、次男の健二も生まれ、南部一家はにぎやかで充実した空気に満ちていた。

久保亮五が再びシカゴ大学にやってきたことも、南部にとって忘れられないできごとだ。久保は1963年にシカゴ大学で半年ほどの間、客員教授を務めた。南部が距離をおいて久保を仰ぎ見るという関係が変化し、二人が個人的に友情を育むようになったのはこの時期のはずだ。

第4章　引用・参考文献

大阪大学特別講義「物理学者の肖像」（南部陽一郎、2011年6月27日）
南部陽一郎インタビュー（米物理学会、2004年）
「素粒子論研究」（南部陽一郎『日本物理学会誌』1977年第10号）
「南部さん、西島さんとの60年」（小柴昌俊『日経サイエンス』2009年5月号）
『ほがらかな探究　南部陽一郎』（福井新聞社、2009年）
『素粒子の宴』（南部陽一郎、H・D・ポリツァー、工作舎、1979年）
「素粒子物理の青春時代を回顧する」（南部陽一郎『日本物理学会誌』2002年第1号）
「南部さんと始まった研究人生」（西島和彦『日経サイエンス』2009年5月号）
『素粒子論の発展』（南部陽一郎、岩波書店、2009年）

第５章 南部理論が生んだヒッグス粒子と電弱統一理論

質量ゼロの粒子に魔法をかけた南部理論

この章の目的は、南部が打ち出した自発的対称性の破れの理論が素粒子物理学にもたらしたインパクトを、過不足なくわかりやすく伝えることだ。南部の新理論や電弱統一理論、ゲージ理論といった、ただならぬ理論がヒッグス粒子などと複雑にからみあう本章の内容を交通整理しておくとこうなる。

南部が自発的対称性の破れを唱えた論文を発表したのは１９６１年。そして、南部理論はまもなく次の動きを促した。新理論に強い刺激を受けた英国のピーター・ヒッグスらが、素粒子に質量を与える機構を論じた理論を発表したのだ。このメカニズムを現代の素粒子物理学はヒッグス機構と呼び、この機構によって誕生する新しい粒子をヒッグス粒子と呼んでいる。

残念なことに当初、自発的対称性の破れにもヒッグス粒子にもさほどの注目は集まらなかった。難解な自発的対称性の破れの概念は、研究者たちになかなか理解されなかったし、ヒッグス粒子も奇抜の度が強い粒子だったからだ。

ところが電磁気力と原子核の内部で働く弱い力の統合を狙った、野心的な電弱統一理論を構築する試みが始まると、次第に南部理論とヒッグス機構の理論に光が当たりはじめた。

なぜだろうか。電弱統一理論は「力の統一」を目指す画期的な試みでありながら、大きな問題を抱えていたからだった。当時、素粒子物理学の分野で存在感を増していたゲージ理論に従うかぎり、力を伝える粒子はことごとく質量がゼロでなければならなかった。しかし弱い力を伝える粒子は、現実の世界ではとてつもなく巨大な質量を備えていた。理論と現実はまったくかみあっていなかった。

そこで困った研究者がすがったのが、素粒子に質量を与えるメカニズムを論じたヒッグスの理論であり、この理論を生み出す土壌となった南部理論だった。そして南部理論は理論と現実における質量の矛盾を魔法のように見事に解決してみせたのだった。

ヒッグス粒子に邪魔をされる粒子たち

まず質量の起源と大げさに呼ばれることもあるヒッグス粒子について、直感的に理解をしておこう。誕生直後の宇宙では、すべての粒子は光子と同じように質量を持たず、超高温・超高圧の空間を光の速さで軽快に走り回っていた。だがビッグバンからほんのわずかな時間が過ぎた頃、真空の宇宙に相転移が起き、宇宙はヒッグス粒子という奇妙な粒子の場で満たされた。

このため宇宙を自由に飛び回っていた粒子たちは、あちこちでヒッグス粒子の場にまとわりつかれ自由に動けなくなった。そのせいで物質をつくるクォークや電子は、ごく微量ではあるが、自分の体に質量を備えるようになった。やがて宇宙の温度がもっと下がると、クォークは３つ集まって陽子や中性子を形成。これら核子の内部でクォークは質量を猛烈に膨れ上がらせた。南部が提唱するカイラル対称性の破れがもたらしたマジックだ。

ヒッグス粒子はクォークのような物質を構成するフェルミ粒子より、弱い力を伝えるゲージ粒子のW粒子とZ粒子に著しい影響を及ぼした。とてつもなく大きな質量をこれらの粒子に与えたのだ。いったい、どうやって？　詳細は、もうしばらくあとに語ろう。

電弱統一理論に挑んだグラショー

南部が自発的対称性の破れの研究に精力的に取り組んでいた頃に、少し時計の針を巻き戻してみよう。この頃、電磁気力と弱い力を一体化する壮大な夢に取りつかれ、電弱統一理論の研究に鋭意、取り組みはじめた研究者がいた。米国のシェルドン・グラショーである。

宇宙が誕生した直後、私たち現代人が知る４つの力（強い力、弱い力、電磁気力、重力）は、区別ができない状態だった。これが力を統一的に扱う理論の原点だ。ただし電磁気力と弱い力の統一は当初、成算の薄い企てと思われた。電磁気力を伝える光子と、弱い力を伝えるW粒子などの粒子は、どちらも力を伝えるゲージ粒子であるというのに、これっぽっちも似ていなかったからだ。

光子の質量はゼロ。だから光子は身軽に宇宙のどこまでも飛んでいく。一方、弱い力を伝える粒子の質量は、短い距離しか飛べない点から非常に重い、と推測された。しかもこの粒子が伝える弱い力の大きさは、電磁気力の1000分の1ほどしかなかった。

これに対して失敗に終わったものの、アインシュタインが統一を試みた電磁気力と重力には、共通点が多くあった。どちらの力も無限の距離まで届いたし、力の強さは距離の2乗に反比例した。しかし、これほど共通点が多くあっても電磁気力と重力は統一ができなかった。まして違いだけが目立つ電磁気力と弱い力を統合することなどできはしまい。電弱統一の試みは当初、学界でこのように見られていた。

シェルドン・グラショー
（AP/アフロ）

ゲージ粒子

物理学ことはじめ

自然界の粒子には、クォークなどの物質を構成するフェルミ粒子と、粒子の間をいったりきたりして力を伝える光子などのゲージ粒子の2種類がある。ゲージ粒子とは、粒子が力を及ぼしあう相互作用のしくみを論じたゲージ理論によって定められる粒子のことだ。

ゲージ粒子には、①電磁気力を伝える光子、②弱い力を伝えるW粒子とZ粒子、③強い力を伝えるグルーオン――の3種類がある。しかし光子とグルーオンの質量がゼロであるのに対し、W粒子とZ粒子は巨大な質量を持っている。

物質を構成する粒子は、エンリコ・フェルミが考案したフェルミ統計に従うのでフェルミ粒子と呼ばれる。また、力を伝えるゲージ粒子はインドのサティエンドラ・ボースが考案したボース統計に従うのでボース粒子やボソン、またはボゾンとも呼ばれる。

弱い力を伝える３つの粒子を想定

だが悲観論をよそにグラショーは１９６０年頃に、現代の電弱統一理論のひな形となる論文の作成に成功する。米ハーバード大学で博士号を取得し、ポスドクとして欧州に渡った20歳代の頃の成果である。

グラショーが活用したのは、南部がプリンストン高等研究所にいる際に耳にした、あのゲージ理論だった。さらに彼は独自の工夫として、弱い力を伝える粒子には、従来知られていたW粒子（電荷がプラスのW^+と電荷がマイナスのW^-）以外に、電気的に中性のZ粒子があると想定し、理論を組み立てた。

3つの粒子を想定したグラショーの理論はなかなかのできばえで、電磁気力と弱い力を、ゲージ理論の枠組みの中で統一的に扱うことに成功したかに見えた。グラショーの論文発表は、南部が自発的対称性の破れの理論をほぼ完成させていた時期と重なる。

だが悩ましい問題が残った。グラショーは論文の中で、弱い力を伝える3つの粒子に〝力ずく〟で巨大な質量を与えていたのだ。弱い力はほんの短い距離しか届かない。この事実はW粒子とZ粒子が巨大な質量を備えていることを強く示しており、彼はその動かしがたい現実に歩み寄らざるをえなかった。

ところが彼が頼ったゲージ理論に従うかぎり、これらの粒子の質量はすべて、ゼロでなければならなかった。これでグラショーの理論は完全に行き詰まった。将来の展望が開けない理論に、学界の期待は急速にしぼんでいった。

筆者	受理	掲載
F.アングレール、R.ブラウト	1964年6月26日	1964年8月31日
P.ヒッグス	1964年8月31日	1964年10月19日
T.キッブル、G.グラルニク、C.ヘーゲン	1964年10月12日	1964年11月16日

ヒッグス粒子に関わる3つの論文

3グループが競合したヒッグス粒子

では苦境の電弱統一理論を救う新しい理論はどのように学界に登場したのだろう。デビューは騒然としていた。弱い力を伝える粒子にも質量を与えるメカニズムを論じ、ヒッグス粒子の存在を示唆する論文を、3つの研究グループがほぼ同時期に競うように発表したからだ。

これらの論文を執筆した研究者や、論文誌に論文が受理・掲載された日時をまとめた上の表を見てほしい。3つの論文は1964年の限られた3ヵ月間ほどに集中している。論文はいずれも米物理学会が発行する『フィジカル・レビュー・レターズ』に掲載された。一番乗りを果たしたのはベルギーのF・アングレールとR・ブラウト。英国のヒッグスは二番手だったが、幸運にも粒子には彼の名前が採用された。

自然科学の世界では、その時代の問題意識を反映して、世界のあちらこちらで同時多発的に同じアイデアが湧き出ることがあ

ピーター・ヒッグス
（Shutterstock/アフロ）

る。ヒッグス粒子の論文発表ラッシュはその最たるものだろう。

背景には、一人の著名な研究者の大きな貢献があった。ヒッグスらより2年前の1962年に米国のフィリップ・アンダーソンがひな形となるアイデアを提唱していたのだ。当時は南部が自発的対称性の破れに関する理論を発表したばかりの時期。それを受けてアンダーソンは「力を伝えるゲージ粒子と南部ゴールドストーン粒子がからみあえば、力を伝える粒子は質量を獲得することができる」と指摘したのだった。

アンダーソンは米ベル研究所に長らく勤務した物性理論の研究者で、彼のアイデアは金属中の自由電子による集団的な振動（プラズマ振動）から生まれた。南部が超伝導からヒントを得たように、この局面でも、進歩は物性物理学によってもたらされた、といっていいだろう。アンダーソンは1977年にノーベル物理学賞を受賞した。

南部粒子がゲージ粒子に食べられた

ヒッグスたちは論文で質量を生み出すヒッグス機構をどのように論じていたのだろうか。左のイラストを見ていただきたい。これはビッグバン直後の宇宙でカイラル対称性が自発的に破れたことを意識して考案された、ワイン・ボトルの瓶底のようなヒッグス機構のモデルだ。瓶底は中心部が盛り上がっている。

まず、この中央の盛り上がった場所にボールを置いてみよう。しかし頂点の場所はエネルギー的にきわめて不安定なので、ボールは谷のほうへすぐに転げ落ち、系の回転対称性は自発的に破れてしまう。

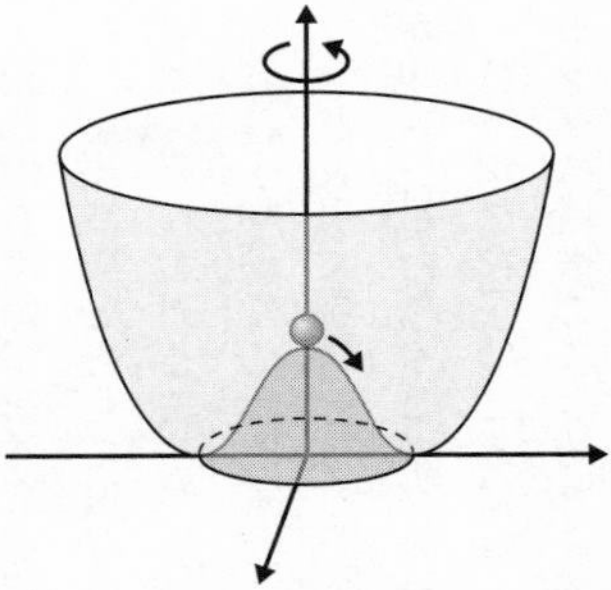

ワイン・ボトル型のヒッグス機構のモデル

次に、質量を伝えるゲージ粒子がこの場に居合わせたら何が起きるかを考えよう。対称性が破れたことに伴い、南部ゴールドストーン粒子はすでに発生している。ゲージ粒子と南部ゴールドストーン粒子はどんな反応を見せるのだろうか。

研究論文の筆者たちは一致してこう指摘した。「南部ゴールドストーン粒子はゲージ粒子に遭遇すると、ゲージ粒子に吸収されその縦波成分に変わる。そしてゲージ粒子は質量を獲得する」と。

読者の方々は、第4章で超伝導のマイスナー効果を紹介した際、光子が南部ゴールドストーン粒子を縦波成分として取り込み、その結果、質量を得たケースを思い出していただきたい。ここでは、それと同じことが起きる。

素粒子物理学の専門家たちはこの現象を「南部ゴールドストーン粒子がゲージ粒子に食べられた」と表現する。そしてゲージ粒子の〝食事〟のあとには未知の粒子が残される。実はこれこそが現在、私たちがヒッグス粒子と呼ぶ粒子だ。

ヒッグス粒子はときには「質量の起源」と称される。それはヒッグス粒子が、質量を生み出すヒッグス機構の象徴的な意味を持つからだ。この粒子は質量生成のドラマの最後に登場する〝真打ち〟のような粒子ともいえるだろう。

ヒッグスらの論文は南部が査読した

南部とヒッグスらの希有な関係についてもお話ししておこう。実はヒッグスらの論文を査読したのは南部だった。南部は2005年に京大基礎物理学研究所で行った講演のあとの質疑応答で次のように語っている。

「1964年にヒッグスの論文と、ブラウトとアングレールによる論文が出たとき、実は私がレフェリー（査読者）だったのですが、それを見て非常に感心して、すぐ出せと励ましたことは覚えています」

論文が投稿されると論文誌の編集部は、内容を十分に判断できる能力を備えた研究者をレフェリーに起用して論文を査読してもらい、掲載の是非を判断するのがならいだ。ではレフェリーには誰がふさわしいか。アングレールらの論文が届くと、米物理学会の『フィジカル・レビュー・レターズ』の編集部は迷わずレフェリーに南部を起用した。南部が提唱した自発的対称性の破れの理論は、彼らのアイデアと切っても切れない関係にあったからだ。

自分が唱えた理論を元に新しい理論が生まれるのは、当人にとって非常に心地がいい展開だ。南部も論文に目を通しながら、数年前に自分が書いた論文が新しい波を起こしはじめた、と実感したに違いない。

ヒッグスの場合は少し紆余曲折があった。ヒッグスの論文を読んだ南部は、掲載を認める一方、ヒッグスにある注文をつけた。先行するアングレール論文の存在をしっかり論文に書き込むようにと指示したのだ。

もう一つ、南部が講演後の質疑応答で口にしたエピソードを書いておこう。ヒッグスが研究論文を発表してしばらくたった頃、プリンストン時代のボス、オッペンハイマーが南部を訪ねてきてこう語った。「ヒッグスの論文を読んでやっとおまえの考えがわかった」。オッペンハイマーが南部の成果を気にかけていたこと、そして南部理論はオッペンハイマーでさえも容易には理解できない難解なものだった、ということを示す逸話である。

物理学ことはじめ

ヒッグス粒子と呼ばれるわけ

なぜ質量の起源とされる粒子は「ヒッグス粒子」とヒッグスの名前を冠して呼ばれるようになったのだろうか。そのわけは、先行する論文では明示されていなかった新粒子の存在を、ヒッグスが示唆していたからだ、とされている。

これについては南部がレフェリーとしてヒッグスに論文を修正するよう注文をつけた際、少しおせっかいをやいて「新粒子の可能性にも触れてみたら」と伝えたからだ、とする説もある。もっとも真相は藪の中。のちに南部は日本で行ったある記者会見で、ヒッグスにどのようなアドバイスをしたのかを尋ねられたが、返事は「昔のことなのでよく覚えていない」だった。

当時はすでに、量子場があればそれに対応する粒子が存在するというのは研究者の常識となっていた。こうした立場から、ヒッグスのライバルたちは新粒子の存在は自明として、あえて論文で言及しなかった、ともされている。

ワインバーグたちが電弱統一理論を完成

南部理論から質量を生み出すヒッグス機構を論じた論文が誕生したことで、電弱統一理論が完成する環境は整った。いよいよ、スティーヴン・ワインバーグとアブドゥス・サラムの出番だ。ワインバーグは理論づくりで先行したグラショーの親友だった。二人はニューヨークのブロンクス科学高校でＳＦクラブをつくり、一緒にコーネル大学に進学した仲だった。

スティーヴン・ワインバーグ
（AP/アフロ）

彼らは専門も研究テーマもほぼ同じ。グラショーがぶつかった「巨大な質量」の壁をどう乗り越えるか、ワインバーグも試行錯誤を繰り返した。そして彼は１９６１年に重要なヒントに遭遇した。自発的対称性の破れのアイデアを提唱した南部理論である。ワインバーグはたちどころに南部理論のとりこになった。

ところが困ったことに、ワインバーグは対称性が破れて生まれる南部ゴールドストーン粒子の扱い方がわからなかった。だが幸いにも数年の月日が過ぎ去ったあと、彼の目の前にはヒッグスたちの新理論が現れた。これで突破口があいた。ゲージ理論によって質量がゼロと定まった、弱い力を伝えるW粒子とZ粒子が、重い粒子に変身するからくりが見えてきたのだ。

W粒子とZ粒子の質量は、陽子の100倍近くもあり巨象のように重い。ヒッグスたちが考案したメカニズムは、クォークのような物質を構成する粒子の質量はほんの少ししか増やさないが、どうしたことか、弱い力を伝えるWとZの2つの粒子については、猛烈に質量を膨張させる性質を持っていた。

ワインバーグが研究論文を『フィジカル・レビュー・レターズ』に発表したのは1967年のこと。彼はそれから半世紀近くが過ぎた2009年の国際会議の講演で「すべては南部陽一郎のアイデアから始まった」と語り、南部に最大限の敬意を表した。

アブドゥス・サラム（AP/アフロ）

もう一人の立役者、サラムはパキスタン生まれ。英国のケンブリッジ大学で量子場の理論を学び、名門の英王立科学技術学院の教授に就任した知性あふれる研究者だ。電磁気力と弱い力の統合を図ったサラムは、1964年に研究成果を欧州の論文誌『フィジックス・レターズ』で発表した。論文にはかつてグラショーが指摘したのと同様、弱い力を伝える粒子として3つの粒子が現れていた。

だがこの論文には欠点が残っていた。ゲージ理論に従うなら質量がゼロとなる3つの粒子に、人為的に巨大な質量が与えられていたのだ。サラムは苦しんだ。だがワインバーグが救われたように、彼もまた数年後に、南部理論から生まれたヒッグス機構の理論と遭遇し、難問のクリアに成功する。サラムが研究論文を発表したのは１９６８年のことだった。

サラムとワインバーグの二人はこうして違う道を歩みながら同じ山頂へたどりついた。電弱統一理論が「ワインバーグ・サラム理論」と呼ばれるのは、二人がほぼ同時期に、完成域に達した理論を発表したことを反映している。

あまりに難しかったくりこみ計算

ワインバーグとサラムの偉業には後日譚がある。意外にも、彼らの成果は数年の間、ほとんど注目されなかった。１９７３年には引用回数が１５０以上に達するワインバーグ論文は当初は、ほぼ誰にも読まれず、最初の4年は引用回数がたった5回にとどまった。

なぜだろうか。第2章で語った朝永振一郎のくりこみ理論を思い出してほしい。量子論がからんだ計算では、電子の質量や電荷の値が無限大になる奇怪な現象が起きるが、くりこみの技法を使うと無限大をうまく消し去ることができる。

だが電弱統一理論がくりこみ可能であることを実証するのは非常に骨が折れ、当初は誰も成功にいたらなかった。電弱統一理論にこのテクニックが使えるという確証がない段階では、研究者たちはこの理論になかなか注目しない。

しかし最後の難関もやがて、オランダのユトレヒト大学のマルティヌス・フェルトマンと彼の弟子のヘーラルト・トホーフトによってクリアされた。フェルトマンは、1970年の夏、研究室にいた大学院生のトホーフトに、計算でいたるところに現れる無限大を消し去れと課題を与えた。トホーフトの大おじは、1953年に位相差顕微鏡の研究でノーベル賞を受賞していたフリッツ・ゼルニケだった。

数ヵ月後、答えは出た。トホーフトは「次元くりこみ」という斬新な手法で、やっかいな無限大を消し去ることに成功した。彼らは1971年夏の欧州物理学会で成果を発表。それに先駆けて、電弱統一理論がくりこみ可能である、とのニュースは、プレプリントの形で米国の南部にも伝わった。

このとき、南部はとても興奮し「ワインバーグの電弱理論がくりこみ可能で本物らしい」と周りの人間に語りかけた、と伝えられる。不人気だったワインバーグの論文の引用回数は、これを機に一転して増えはじめた。

グラショーにワインバーグ、サラムの3人は、1979年にノーベル物理学賞を受賞。フェルトマンとトホーフトの師弟コンビにもまた、１９９９年にノーベル賞が与えられた。電弱統一の分野から2回もノーベル賞が生まれたのは、力の統一がそれほど偉業だったことを示している。

「めでたしめでたし」ではおさまらない

ノーベル賞は、ヒッグス機構に関する論文を執筆したヒッグスとアングレールにも２０１３年に与えられた。欧州の大型ハドロン衝突型加速器（ＬＨＣ）によって、ヒッグス粒子が発見されたからだ。

彼らの受賞に対し感想を求められた南部は「素粒子の標準理論が存在を予想しながら唯一、未発見だった粒子が見つかった」と意義を指摘し、コメントを「誠にめでたしめでたし」としめくくった。

南部も２００８年のノーベル賞受賞者だ。だから、これで一つの糸でつながった「自発的対称性の破れ」「質量を生み出すヒッグス機構」「電磁気力と弱い力の統一理論」の提唱者のほぼすべてがノーベル賞を手にしたことになる。物語のラストはとても喜ばしい大団円となったかに見える。

だが本当にそうなのか。それに満足しなかった研究者は、日本に少なからずいた。たとえば京大の基礎物理学研究所の所長を務めた九後《くご》汰一郎《たいちろう》がそうだった。九後は２００５年に南部を研究所に招いて講演をしてもらったあとの質疑で、こんな質問を発している。

「それ（南部理論の発表）からヒッグスの論文が出るまで4年か5年かかりました。それまでに、ヒッグスの定理というかあそこらへんの定式化をひとこと言っておこうというのは、どうしてされなかったのでしょうか」

九後の言い回しはまわりくどくじれったいが、要約すると、南部理論の発表のあとも質量生成メカニズムの研究を熱心に進めていたら、ヒッグス粒子の存在を予測する成果も南部のものになっていただろうに、なぜ、そうしなかったのか、と問いただしているのだ。

これに対して南部は次のように応じた。

「まず質量の証明というとマイスナー効果があるから（中略）質量が出るのは当然だと思っていたのですね。（中略）しかしそれ以上、特別に追究する考えはなかったわけです」

南部の返答はややわかりにくい。聴衆の中には、南部が質問をはぐらかした、という印象を持った人もいたことだろう。

「ギンツブルク・ランダウ論文」を読んでいなかった南部

では、ことの真相はどうだったのか。本当は南部も悔やんでいた。話は、南部がシカゴ大学でBCS理論と出会った頃にさかのぼる。南部はBCS理論の粗暴だが圧倒的な魅力に取り憑かれ、この理論を自己流に書き直す作業に取り組んだ。

だが、このプロセスの中で、彼が目通しを怠った重要な論文が一つあった。ＢＣＳ理論より７年ほど前の１９５０年に、ロシアのヴィタリー・ギンツブルクとレフ・ランダウが発表していた超伝導に関する論文だ。彼らが提唱したギンツブルク・ランダウ（ＧＬ）方程式は、超伝導の特徴的な現象を説明することに成功した有名な方程式として知られている。

この理論はもっと重要な要素をはらんでいた。実はヒッグス機構の理論は、ＧＬ理論を相対論的に表したもの。つまりＧＬ理論はヒッグス理論のひな形ともいえる理論で、南部がＧＬ理論をきちんと読んでいたら、やすやすとヒッグス理論をわがものとし、自分自身で提唱していた可能性が大きかったのだ。ついでにいえば、現象論的な色彩の濃いＧＬ理論は、ＢＣＳ理論で扱った電子のクーパー対を１つの場とみなして組み立てられた理論とされ、両者は〝親戚〟のようなものである。

まして南部は、１９５９年に国際会議のあと、モスクワでランダウの研究室を訪ねてさえいた。悔いは小さくなく、南部は気がおけない研究室の〝身内〟の人間には「（ＧＬ理論を）もうちょっと、ちゃんとやっておくべきだった」と本音を漏らしていた。

１９７９年に東大の博士号を取得したあと、シカゴ大学で南部門下に入った細谷《ほそたに》裕《ゆたか》（現・大阪大学名誉教授）も、南部の反省の弁を聞いた一人だ。細谷は「もし南部先生がＢＣＳ理論をＧ

L風に書き直していたら、ヒッグス粒子に向かっていったはず」と指摘する。

もし南部がGL理論をきちんと理解していたら、ヒッグス粒子どころか、それに続く電弱統一理論さえもわがものにしていたかもしれない。南部はとても残念なことをした。九後の詰問にはこんな意味がこめられていた。

南部は嗅覚が敏感すぎた？

これらのできごとから読みとれる南部の欠点は、一つのテーマをコツコツと研究しつづける執着力・継続力の欠如だろう。過去を振り返れば、南部は東大時代に、ラムシフトの問題を耳にすると、それまで熱心に取り組んでいたイジングモデルの研究を放置した〝前科〟があった。

だが、南部のあきっぽさは頭抜けて豊かな好奇心と裏表の関係だ。素粒子物理学のみならず物性物理学にも強い南部は、次から次へと面白いテーマに気がつき、それまでの研究を忘れて新しいテーマにのめりこんでしまう。このふるまいは、人よりはるかに優れた嗅覚を持つ〝超人〟が、魅力的な香りに誘惑され、我慢できずに香りがする方向に引き寄せられていくかのようだ。

もし南部の嗅覚がもう少し鋭敏でなかったらフラフラせずに、一つのテーマを深掘りできただろう、とも思えてくる。では南部は、自発的対称性の破れの論文を書き終えたあと、ヒッグス粒子でもなく、電弱統一理論でもなく、いったい何に好奇心を傾けていたのだろうか。南部が心をひかれた研究テーマは次の第6章をお読みいただければすぐにおわかりいただけるだろう。

プリンストンで内山龍雄を襲った衝撃

この章を締めくくるにあたって、ヤンとミルズとともにゲージ理論を世界で最初に考案した一人とされる内山龍雄について少し語っておこう。大阪大学の助教授だった内山がプリンストン高等研究所に研究員としてやってきたのは、南部がプリンストンからシカゴ大学へと移ろうとしていたのとほぼ同時期の1954年夏のことだった。

このとき、内山は大切な論文の草稿を抱えていた。あらかじめ日本で書いておいた、内山流のゲージ理論の原稿である。ところが、内山はプリンストンに着いて、ヤンたちがすでに研究論文を執筆していることを知りショックを受けた。内山はがっかりして自分の論文の発表を断念してしまった。

内山はこの年の5月頃、京大の基礎物理学研究所で催された研究会で、ゲージ理論の概要を語ったことがあった。しかし、湯川グループからはよい評価は得られなかった。「数学的な議論ばかりしていて実体がない」と批判もされた。

ゲージ理論は抽象代数学の群論を駆使する高度な理論だ。だが湯川グループには物理的な存在を重視する傾向があり、抽象的な高等数学に傾斜するゲージ理論を受け入れがたい体質があった。

もっと決定的な要素があった。ゲージ理論では突きつめていくと、粒子と粒子が相互作用して力を伝える際、スピンが1のゲージ粒子が力の担い手として現れることになっている。しかし、湯川理論によると力を伝える粒子（パイ中間子）のスピンは0。つまりゲージ理論は湯川理論を否定するものだった。この点を湯川の周囲の研究者たちは本能的に感じとり、内山を排斥する態度をとっていた。

南部は内山に会った際、湯川グループから冷たくされ、ゲージ理論の国内での発表をためらった、と彼が漏らすのを聞いたこともあったという。国内でもがき苦しんだ内山の選択は、海外に出て新理論を発表することだった。だが、そんな内山の思惑はプリンストンで雲散霧消してしまった。

内山を高く評価した南部

しかし南部は内山を高く評価した。現代ではゲージ理論はヤンとミルズに優先権を認め「ヤン・ミルズ理論」と呼ばれる。だが、南部はこの表現がいささか気に食わず「ヤン—ミルズ—内山のゲージ理論」と呼んだこともあった。

南部と内山のつきあいは長い。南部が戦中に陸軍のレーダー研究にかかわり阪大の研究者たちと情報交換した頃からの顔見知りだ。内山がプリンストン高等研に赴任してきた際にも、東海岸で落ち合った。

南部は内山を高く評価する見解をいくつも講演や『日本物理学会誌』などに残している。「ヤンとミルズとほとんど同時に内山龍雄が力学の一般原理として非可換ゲージ理論を彼独自の考えで展開していた」「内山龍雄はもっと早く認められてよかった」などなどだ。

話をその後の内山に戻そう。米国にくるなりショックを受けた内山だったが、冷静に考えればまだチャンスが残っていた。彼の理論は素粒子だけでなく、アインシュタインが一般相対論で扱った重力場にも通用した。そこに気がついた内山は、論文を書き直し、『フィジカル・レビュー』に投稿したのだ。

論文は１９５６年に掲載された。ヤンとミルズより2年遅れたが、内外の関係者が「この論文は凄い」とうなった秀作だった。とりわけ内山論文の評判は東欧で高かった。内山は日本に帰国後は、大阪大学で理学部長を務めた。過去につらい目にはあったが湯川とは親密に交流を続けた。阪大を定年退官した際の最終講義は名講義だった、といわれる。

南部によると内山は、大声で大男。天真爛漫の無邪気さとプラモデルなどの収集家としても知られた人物だった。

第5章　引用・参考文献

『小さい宇宙をつくる』（藤本順平、幻冬舎エデュケーション、2012年）
『クォーク狩り』（M・リオーダンほか、吉岡書店、1991年）
「素粒子物理学変革期の南部先生」（吉村太彦『日本物理学会誌』2009年第2号）
「基礎物理学―過去と未来―」（南部陽一郎、京都大学基礎物理学研究所での講演、2005年11月7－8日）
『素粒子の宴』（南部陽一郎、H・D・ポリツァー、工作舎、1979年）
大阪大学特別講義「物理学者の肖像」（南部陽一郎、2011年6月27日）
『素粒子論の発展』（南部陽一郎、岩波書店、2009年）
『強い力と弱い力』（大栗博司、幻冬舎新書、2013年）
『質量はどのように生まれるのか』（橋本省二、講談社ブルーバックス、2010年）

第6章　クォークめぐるゲルマンとの対決

南部がクォークモデルにいらだったわけ

本章は、南部陽一郎が量子色力学（QCD）という新しい科学を創始し、ゲルマンとクォークモデルをめぐって火花を散らした好勝負に焦点をあてる。

東京で初めてオリンピックが開催された1964年。陽子や中性子、さらに湯川が存在を予測した中間子を、素粒子の座から追放する事件が発生した。米カリフォルニア工科大学のマレー・ゲルマンがクォークモデルを発表したのだ。

「陽子や中性子はたった3種類の基本粒子でできて

マレー・ゲルマン
（TopFoto／アフロ）

いる」とするゲルマンの理論はなかなかよくできたモデルだった。このモデルはその頃、加速器の実験によって雨後の竹の子のようにぞろぞろと現れ研究者を混乱させた数百に及ぶ粒子を、うまく系統立てて説明してくれたからだ。

これで素粒子と呼ばれる粒子は物質を形づくるクォークと、電子などのレプトン、それに力の伝達を担うゲージ粒子に集約された。素粒子物理の世界は混沌の世界から、すっきりした世界へと変貌した。

その功績によってゲルマンは、まだクォークが実在するか否か、実験的に確かめられてもいない段階で早々と、ノーベル賞を受賞してしまった。

だが南部はクォークモデルに満足できなかった。いやもっといえば、ある種の不愉快さやいらだたしさを感じた。それは南部が自発的対称性の破れに関する理論を生み出すきっかけとなった、超伝導のＢＣＳ理論と遭遇したときの感覚と類似したものだったのかもしれない。

南部は何が気にいらなかったのか。陽子や中性子はクォークが3つからできている。ここまではよい。しかし、ゲルマンの提案したクォークの電荷は、電荷の基本素量「e」の「$+\frac{2}{3}$」倍や「$-\frac{1}{3}$」倍という中途半端な量だった。

「シンプル・イズ・ビューティフル」、「真理は単純で美しい」はずだ。だがゲルマンによると、クォークはひと皮むけば、物理的な意味をとらえにくいプラスやマイナスの分数がつきまとう、

〝わかりにくい〟〝醜い〟存在だったのだ。

具合の悪い事実も判明した。少なからぬ研究者がクォークを捕らえようとしたものの、クォークは加速器実験でも宇宙線観測のいずれでも見つからなかった。「クォークは数学的な存在にすぎない」とするゲルマンの弱気な見解も、混迷に拍車をかけた。だがゲルマンの弁明は、理論や数式の背景には必ず物理的な存在がある、と信じる南部にはある種のごまかしに映った。こうして南部は自己流のクォークモデルの構築へと舵を切り、ゲルマンに論争を挑んでいった。

南部とゲルマンはプリンストン高等研究所の頃からの知人だった。だが理論のぶつかりあいは別の次元の話だ。力が伯仲した日米の竜虎が相搏《あいう》った勝負はどのように展開し、どんな結末にいたったのか。これからじっくりお読みいただこう。

ゲルマン研究室に留学した原

一人の日本人に登場してもらおう。ゲルマンがクォークモデルを発表する直前の1963年に日本からカリフォルニア工科大学のゲルマン研究室へ入り、翌1964年にはシカゴ大学の南部研究室へと移った原康夫。のちに筑波大学の副学長を務めた日本の素粒子物理学界の重鎮である。

原は東大で素粒子物理学を学び博士課程を修了したあと、朝永振一郎が学長を務めた東京教育大学（現・筑波大学）で助手となった。米国に留学したのはその1年後のことだった。

一方、ゲルマンはというと、米国でもめったにみられない大変な出世譚の持ち主だった。彼は南部より1年ほど前にシカゴ大学に招かれ、あっというまに准教授に昇格したのちにカリフォルニア工科大学に移籍した。早熟の天才ゲルマンは、頭抜けた才能と傲慢さがまぜこぜになったような人物で、彼に謙虚さという言葉は似合わなかった。

1963年秋。研究室に原を迎え入れたゲルマンはさっそく、完成間近のクォークモデルをひけらかした。ゲルマンは週2回、理論物理学セミナーと名づけた講義を開催していた。その場で彼は陽子や中性子、パイ中間子などのハドロンに分類される粒子は、電気素量「e」（電子の電荷）の「$+\frac{2}{3}$」倍や「$-\frac{1}{3}$」倍という電荷量を持つクォークでできている、というクォークモデルのアイデアを、セミナーの参加者に熱心に語っていた。

ゲルマンは教養や知識の豊かさも、これでもかといわんばかりに見せつけた。ここからしばらくは、原が書き残した豊富な記録に沿って物語を進めていこう。

原が最初に「私はハラです。東京教育大学の朝永グループにいました」と挨拶したとき、ゲルマンは「おおTokyo Bunrika Daigaku（東京文理科大学）か。私はトモナガ（朝永）の中間結合理論を勉強した」と応じ、さらに「ハラの漢字はどう書くのか」と質問を繰り出した。東京文理科大学は東京教育大学の前身の大学である。ゲルマンはそんな細かなことまで知っていた。

10ヵ国語以上を操ったといわれるゲルマンもさすがに日本語の読み書きはできなかった。しかし彼は、日本の『源氏物語』を原との会話の俎上にのせたこともあった。ゲルマンが「アーサー・ウェイリーが英語に翻訳した源氏物語を読んだ」というので原は「ムラサキ（紫の上）がヒロインだ」と答えた。するとゲルマンは「（ムラサキは）筆者（紫式部）でもある」と返した。博学で〝日本通〟のゲルマンを相手に、原は気苦労が絶えなかったことだろう。

ゲルマンが南部陽一郎を十分に意識していることもわかった。あるとき、原は彼から「シカゴ大学の南部陽一郎は東北の南部地方（岩手県）出身か」と尋ねられたのだ。原は日本にいるとき、南部の名前を耳にすることはさほどなかった。南部の凄みはまだ日本に伝わっていなかった。しかし原は米国にやってきて、南部が非常に高い評価を得ていることを大物のゲルマンから知らされた。

もう一人のスター、ファインマン

カリフォルニア工科大学にはスターがもう一人いた。型破りな自由人で、1965年に朝永と同時にノーベル賞を受賞するリチャード・ファインマンだ。ファインマンらが著した著名な3巻構成の物理学の教科書『ファインマン物理学』は、原が訪米したその年から刊行が始まっていた。

リチャード・ファインマン
（AP／アフロ）

ゲルマンとファインマンはときどき、原たち若手の研究員がいる大部屋に一緒に入ってきて雑談や議論を始めた。どちらも雄弁で声はとても大きかった。互いに相手をライバルとみなす二人は、専門外でも陽気に張り合っていた。大学が一般市民向けに開催する講座で、ファインマンが「マヤ文明」を論じれば、ゲルマンは翌週から世界の言語学の体系について講演するという具合だった。

ほかにもタレントは多士済々。当時の物理学科長はミュー粒子や陽電子を発見したことで知られるカール・アンダーソンだった。この大学は陽気な天才・英才がそろった、この上もないにぎやかな大学だった。

ゲルマンにもためらい

ゲルマンに話を戻そう。彼が欧州の論文誌『フィジックス・レターズ』にクォークモデルに関する論文を投稿し、受理されたのは1964年1月のことだった。

ゲルマンには次のような逸話が語り継がれている。国際会議では最終日に学界の大御所がサマリートークをして、数日にわたった会合を要約して締めくくるのが慣例だ。

しかし、ある年の高エネルギー物理学国際会議でゲルマンは、会議の初日にサマリートークを行った。学界のリーダーである自分のいうことをまず聞いてもらうか、という威圧的な態度には、会議に出席していた南部も「感心しない」と眉をひそめた。

だが押しの強いゲルマンもクォークモデルの論文発表を前にして、さすがに神経質になり思い悩んでいたらしい。心配のタネは、クォークが持つ電荷が基本素量の分数になってしまうことだった。毎年、全世界で何万人という自然科学系の学生が、電気素量に等しい電子の電荷を計測するミリカンの油滴実験をしている。しかし、そこで分数の電荷が発見されたことは一切ない。これから発表するクォークは自然界に実在するものなのか、不安はつきなかった。

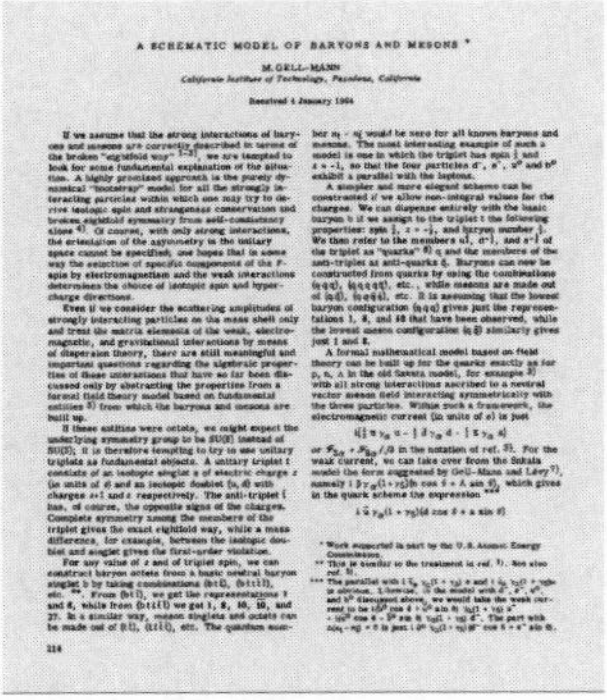
A SCHEMATIC MODEL OF BARYONS AND MESONS *

M. GELL-MANN

California Institute of Technology, Pasadena, California

Received 4 January 1964

ゲルマンが1964年に発表したクォークモデルの論文

心配のタネはほかにもあった。革新的で奇抜な内容の彼の論文は米国の『フィジカル・レビュー』などの著名な科学誌に投稿しても掲載を拒否されかねないことだった。そこでゲルマンは論文の投稿先として当時、さほどハードルが高くないとされた欧州の『フィジックス・レターズ』を選んだ。

「バリオンと中間子の図式的モデル」と題した論文は非常に簡潔で、たった2ページしかなかった。素粒子物理学の教科書を塗り替えた〝世紀の論文〟はこんなに薄っぺらだった。

学界の反応はほぼゲルマンの読み通りだった。一握りの研究者は、論文を読んでクォークの探索に乗り出した。だが研究者の多くは、クォークモデルを無視したり冷笑したりする態度をとっていた。

分数に違和感もクォークモデルは周到なでき

ゲルマンのクォークモデルを詳しく見てみよう。陽子や中性子の内部を描いたイラストを見ていただきたい。陽子と中性子の中にある「u」と「d」が、ゲルマンが考案したクォーク。uはアップクォーク、dはダウンクォークだ。彼のモデルはu、dに「s」(ストレンジクォーク)を加えた3種類のクォークで構成されていた。

ゲルマンは、ジェイムス・ジョイスが書いた『フィネガンズ・ウェイク』という小説に出てくるカモメが「quark quark quark」と、クォークの数と同じく3度鳴き声をあげるシーンを気に入り、鳴き声を新粒子の名称に採用した。だからクォークには適当な日本語訳がない。

名前の経緯はともあれ、アップクォークとダウンクォークが偉大なのは、この2つのクォークと電子さえあれば、身の回り、いや地球上のありとあらゆるものができてしまうことだ。現在ではクォークには6種類あることが知られている。これらクォークの性質をまとめた次ページの表をご覧いただこう。素粒子の基本的性質を示す電荷やスピンは南部が嫌った分数だらけだ。

回転の強さ（角運動量）を示すスピンは、まだしも容認しやすい。実世界でも、前向きの体を後ろに向ける半回転のスピンは目にすることがあるからだ。しかし、電荷に現れる「$+\frac{2}{3}$」や「$-\frac{1}{3}$」にとまどいや拒否感を感じる人は多い。

とはいえ実はクォークモデルは周到に組み立てられたモデルだ。陽子や中性子、中間子など、クォークでできたハドロンの性質を巧妙に説明できるからだ。

簡単な例で検証してみよう。陽子の持つ電荷が「+1」であることをクォークモデルはうまく説明できるだろうか。陽子の中にはアップクォーク（u）が2つ、ダウンクォーク（d）が1つ入っている。そこで、これら3つのクォークの電荷を足しあわせてみよう。クォークモデルによるとuの電荷は「$+\frac{2}{3}$」、dの電荷は「$-\frac{1}{3}$」。陽子の中に入っている2つのuと1つのdの電荷を足しあわせると、その合計はちょうど「+1」になる。

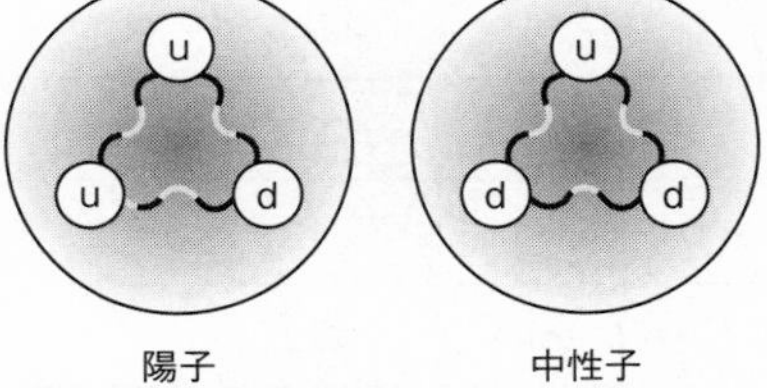

陽子と中性子の内部をのぞいてみると……

	電荷	スピン
アップ（u）	+2/3	1/2
ダウン（d）	−1/3	1/2
チャーム（c）	+2/3	1/2
ストレンジ（s）	−1/3	1/2
トップ（t）	+2/3	1/2
ボトム（b）	−1/3	1/2

6種類のクォークの性質

電荷を持たない中性子ではどうか。中性子の中にはアップクォーク（u）が1つ、ダウンクォーク（d）が2つ入っているから、電荷の合計は「ゼロ」。中性子が電荷を持たないことも、うまくクォークモデルは説明できる。陽子でも中性子でも、美しさに欠ける分数は最後に消えてくれるのだ。クォーク1つと反クォーク1つでできた中間子も、電荷は整数におさまってくれる。

しかし、どうしても気になるのはあらゆるクォークにつきまとう分数の存在だ。現実の世界に中途半端な電荷は存在しそうにない。物質の究極の単位であるクォークがこんな不格好なもので許されるのだろうか。

実はクォークモデルの考案者はゲルマン以外にもいた。カリフォルニア工科大学のファインマンのもとで物理学を学んだジョージ・ツワイクだ。彼はゲルマンがクォークと命名した素粒子を「エース」と呼んだ。エースという名称はトランプからとった。

しかし、ツワイクは不遇だった。ノーベル賞の受賞枠は最大3枠まであるのに、ノーベル賞の栄誉はゲルマンだけに与えられたからだ。ゲルマンのノーベル賞受賞後、ツワイクは神経生理学の研究者に転じた。つらさは察するに余りある。救いがあるとしたら、現代ではツワイクはゲルマンとともにクォークモデルの提唱者として誰にも認められていることだろうか。

日本からは坂田モデル

クォークモデルをめぐって日本の研究者たちはある時期までゲルマンと互角の勝負を展開していた。まず名古屋大学の坂田昌一が1955年に「ハドロンの複合モデル（坂田モデル）」を提案した。坂田は若き日の南部に大きな影響を与えた研究者だ。

坂田のモデルは陽子と中性子、それにハドロンの一つであるラムダ粒子（Λ）を基本的な素粒子として、他のハドロンはこれら3つの粒子で組み立てられると説明したモデルだった。坂田のモデルは、クォークで構成される陽子などを素粒子とした点で古さは否めないが、ゲルマンより

10年ほど早く「3つ組の基本粒子」を採用した点では時代を先取りしていた。

これに続いたのが、大阪市立大時代の南部の部下だった中野と西島。彼ら二人は加速器から現れた多数の新粒子を、ストレンジネス（奇妙さ）という新しい量子数を用いて包括的に整理することに成功、明確な規則性を見いだした。彼らと同時期にゲルマンもこの規則を見いだした。これが「中野・西島・ゲルマン則」だ。

日本勢の活躍はなお続いた。坂田グループの池田峰夫、小川修三、大貫義郎の3人は坂田モデルを数学の群論で分析。「質量がほとんど同じ陽子と中性子、ラムダ粒子の基本3粒子を入れ替えても物理の法則には変わりがない」とする「SU（3）対称性の群論モデル」を提唱した。高等数学の群論を用いて素粒子を分類した革新的な成果だった。

ここまでくればゴールは近い。この時期までは日本の研究者たちは、天才ゲルマンと互角かそれ以上の戦いを展開していたといえるだろう。

八道説でゲルマン有利に

しかし、最終盤で戦況はゲルマン有利に傾いた。ゲルマンが1960年頃に、「中野・西島・ゲルマン則」をさらに進化させ、対称性に注目して粒子を分類する新しい法則「八道説《はちどうせつ》」を考案したからだ。

八道説がどれほどわかりやすく説得力を持っていたかは、たとえば8つの粒子を六角形の各頂点と中央部に配置した、次の図を見てもらえればわかるかもしれない。

六角形の上部の頂点に置かれたのは中性子（n）と陽子（p）だ。中間にはシグマ粒子（Σ）とラムダ粒子（Λ）、下のほうにはグザイ粒子（Ξ）といったハドロンが規則正しく並んでいる。

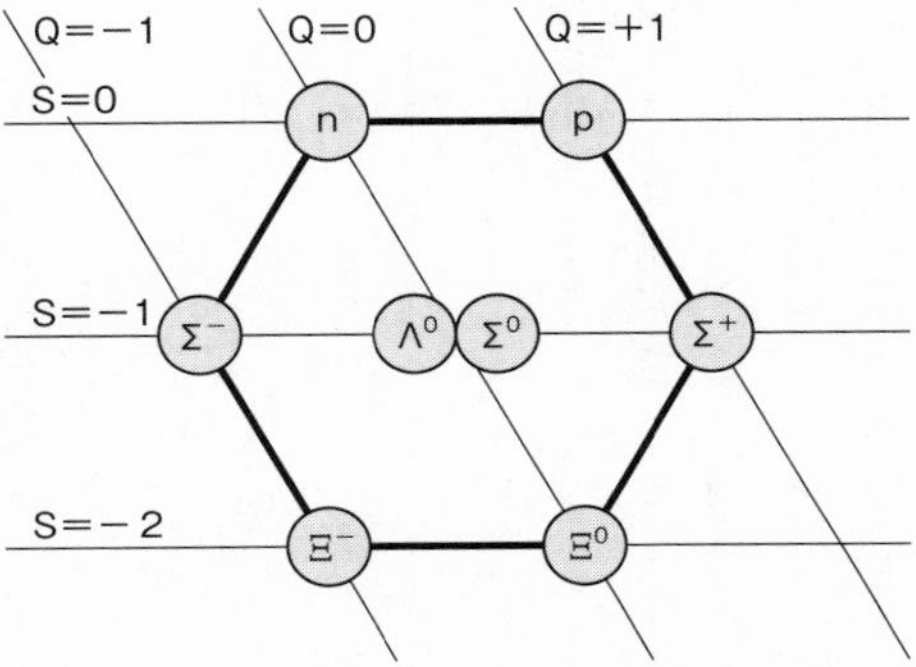

ゲルマンが考案した八道説

八道説の規則とはこうだ。横軸は電荷（Q）で、左から右に1目盛り移動すると電荷の量が1つ増える。電荷が「0」の中性子（n）は、ちゃんと〈Q＝0〉の線の上にあるし、電荷が「+1」の陽子（p）は、きちんと〈Q＝+1〉の線上にいる。

縦軸は「中野・西島・ゲルマン則」で採用されたストレンジネス（奇妙さ＝S）という量子数だ。ストレンジネスが「0」の陽子と中性子は、〈S＝0〉の線の上にあるし、ストレンジネスが〈−1〉のシグマ粒子は、〈S＝−1〉の線の上に位置し、ストレンジネスが〈−2〉のグザイ粒子は、〈S＝−2〉の線上に位置している。

このように八道説によって整然と分類されたハドロンの群れは、ある仮説をゲルマンに提示していた。それは、これらの粒子がもっと小さな究極の3つの単位で構成されている、とするアイデア、つまりクォークモデルだ。

それでは、つじつまがうまく合うように3つのクォーク(u、d、s)の性質を決めていこう。

陽子(p)は(uud)、中性子(n)は(udd)、ラムダ粒子(Λ)は(uds)の組み合わせでできているとしよう。陽子の電荷は〈+1〉、他の2つの電荷は〈0〉だから、u、d、sの電荷は自ずと定まっていく。こうやってクォークモデルはつくられた。だが困ったことに、3つのクォークの電荷はいずれもぶきっちょな分数になってしまった。

八道説という言葉は、仏教の八正道《はっしょうどう》が由来だ。言葉に造詣が深いゲルマンが、なかばジョークでこう命名した。ゲルマンのネーミング能力には南部も脱帽するばかりだった。ゲルマンが八道説を考案したこの時期、南部は自発的対称性の破れの研究を鋭意、進めている最中だった。二人の英才は研究者として最も旬な時期にいた。

素粒子の四元モデル

時間を少し戻そう。ゲルマンからじかにクォークモデルのあらましを聞かされた原は、ただ傍観していたわけではなかった。原はゲルマンのモデルに新鮮な驚きを感じつつも、やはりすべての物体の電荷は電気素量「e」（電子の電荷）の整数倍であるとするミリカンの油滴実験を無視することはできなかった。

そうして原が、ゲルマンと意見を交換しつつ考案したのが「陽子などのハドロンは電気素量の整数倍の電荷を持つ4つの基本粒子からできている」とする「素粒子の四元模型」。論文を発表したのは1964年のことだった。

このとき、日本では名古屋大学の牧二郎がほぼ同様のモデルを独自に考案していた。牧はのちに京大基礎物理学研究所の所長となる研究者だ。原と牧の論文は、ゲルマンが予測した3種類のクォーク以外に、少なくとももう1種類のクォークが存在する、と示唆していた。1970年代に入ると実際に4番目のチャームクォークが発見され、原と牧は1977年に仁科記念賞を受賞した。

原はシカゴ大の南部研究室へ

原はやがて、ゲルマン研究室には長居できそうにない、と思いはじめた。留学は2年の予定だった。しかしゲルマンがクォークモデルを発表すると、彼にはほぼ確実にハーバード大学やマサチューセッツ工科大学などからスカウトの手がのびる。そしてゲルマンが他の大学に移ると、原は身の置きどころに困ってしまう。

そこで原が思案の末に頼ったのが、シカゴ大学の南部だった。1964年に南部研究室の博士研究員（ポスドク）募集に応募すると、幸い「採用」の返事が届き、原はホッと一息ついた。

南部と原のファースト・コンタクトはこの過程で起きた。まだ原は南部にじかに挨拶もしていない。そんなときに南部はカリフォルニアの原に電話をかけてきて「（シカゴ大学の）研究所のそばに適当なアパートが9月から空くので予約してあげようか」と声をかけてきた、というのだ。

原（左）と南部（右）
（1988年シンガポールで）

南部のこのような気どらない優しさに接した若手は少なくない。いや実は日本から米国に渡り南部研究室で研鑽《けんさん》を積んだ原のような〝南部チルドレン〟のほぼすべてが、南部の偉ぶらない気さくな人柄を何らかの形で体験している。南部にはゲルマンのような華やかさはないが、傲慢さもない。南部はとても優しく親しみやすい人物だった。

一方で南部は、学問の最重要部分には妥協せず厳然と対処する研究者でもあった。このときの南部は峻厳だった。かといって研究室の若手が些細な問題でミスをしたからといって咎めることはほとんどない。南部は大筋が正しければ、それでよしとするおおらかでほがらかな性格の人だった。

原に話を戻そう。南部によると、二人は一緒にソフトパイオンの研究を始めた。南部理論では自発的に対称性が破れると質量ゼロの粒子が出てくることになっている。だが現実の世界には、ほんの少しだけ質量を備えた中間子、すなわちパイ中間子が現れる。これがソフトパイオンだ。

原はプリンストン高等研究所からシカゴ大学に転じた南部とは逆コースをたどり、ほどなくプリンストン高等研に移った。これを機に、原と南部は手紙で親しく連絡しあう仲となり、連名で「重粒子の崩壊」「K中間子の崩壊」と題した論文を執筆した。

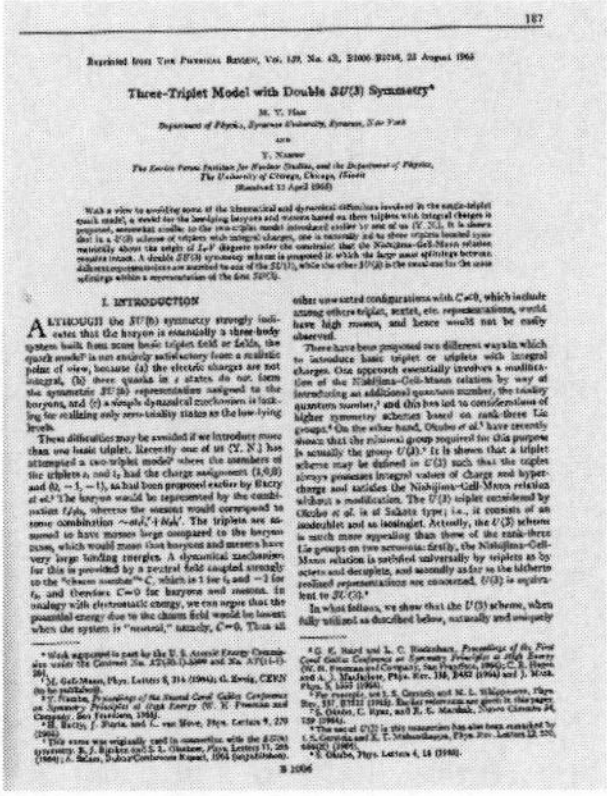
187

Three-Triplet Model with Double SU(3) Symmetry*

M. Y. Han

and

Y. Nambu

I. INTRODUCTION

整数電荷モデルを提案したハン・南部論文

ハン・南部の整数電荷モデルが登場

南部が量子色力学の研究を始めたのは、ゲルマンのクォークモデル発表の直後だった、と推測される。そして、その3ヵ月後の春には、量子色力学のさわりに相当するクォークの新モデルの草案を早くも公表するにいたった。

いきさつはこうだ。南部はまず1964年春に独自のアイデアをまとめた論文をプレプリントの形で関係者に配付した。すると2週間後に、ニューヨーク州にあるシラキュース大学の大学院生ハン・ムヨン（韓茂栄）からプレプリントが届いた。南部の論文を数学の群論を使って少し改良したものだった。なかなか見栄えがよかったので、南部はハンに声をかけて一緒に論文を仕上げることにした。

南部とハンの論文は、1965年8月下旬に『フィジカル・レビュー』に掲載された。論文のタイトルは「二つのSU（3）対称性を持つ三色・三つ組モデル」といった。素粒子物理の世界に一石を投じた「ハン・南部の整数電荷モデル」の登場である。

論文が上梓されてしばらくたった頃、南部のもとにはうれしい知らせが届いた。当時、日本学術会議の会長をしていた朝永振一郎が米国のファインマンらとともにノーベル物理学賞を受賞した、という朗報である。湯川に次いで日本人として2人目の快挙だった。

話を戻そう。整数電荷モデルで注目すべきポイントは「整数」という言葉が雄弁に物語るように、クォークからぶきっちょな分数の電荷を消し去ったことだ。いったい南部とハンはどんなマジックを使って分数を消したのだろうか。

パウリの排他律に抵触したクォークモデル

種明かしをする前に、なぜ南部がゲルマンのクォークモデルを受け入れようとしなかったのか、そのわけを書いておこう。南部がゲルマンモデルに現れる分数に不愉快さを抱いたことや、「クォークは数学的な存在にすぎない」とするゲルマンの言い訳が気に入らなかったことは、本章の冒頭でお伝えした。

だが理論上、もっと許されない要因があった。それは、ゲルマンのクォークモデルは、素粒子物理学の不動の鉄則ともいえる「パウリの排他律」に抵触していることだった。パウリの排他律とは「ヨーロッパ物理学界の法王」と呼ばれたヴォルフガング・パウリが突きとめた法則だ。それによると、クォークや電子のような物質を構成する粒子は、同じ状態にただ1つしか入ることができない。

このルールは電子で考えるとわかりやすい。たとえば、ここに電子を数個持った原子があり、電子は原子核の周囲の軌道を回っているとする。その際、電子は1つの軌道に最高2つしか入れない。しかもその場合には、電子のスピンの向きが異なっていなければならない。スピンまで考慮すれば「同じ状態に入れるのはただ1つの粒子」。これが、パウリが定めた厳しい掟だ。

パウリが生きた時代にはクォークという概念は現れていなかった。しかしクォークが物質を構成する粒子であるとするならば、クォークもまたパウリの排他律に従わねばならない。これは南部が譲れない一線だった。

同一クォークが3つ同居する不都合な真実

ではゲルマンのクォークモデルは、どこがどう排他律に違反していたのだろうか。具体的にみてみよう。陽子はアップクォーク（u）が2つとダウンクォーク（d）が1つの（uud）でできている。2つのアップクォークのスピンの向きが異なっていて、それぞれ違った状態にいると解釈すれば、パウリの排他律には違反しない。（udd）でできた中性子も同様に問題は生じない。

しかし「uuu」「ddd」「sss」のように同一クォークが3つ重なるようなケースは明らかに違反だ。スピンの向きが異なっているという言い訳は2つまでしかできない。ところが現実には、この種の特異なハドロンがすでに存在していた。

たとえば1951年にシカゴ大学のフェルミたちが発見したデルタ粒子（Δ）。このうち電荷が「+2」のデルタ粒子（Δ^{++}）は3つのアップクォーク（u）でできたハドロンだった。しかもまずいことに、3つのクォークのスピンはすべて同じ向きとみられていた。つまり、このハドロンの中には同じ状態の3つのクォークが同居していた。

さらにゲルマンがクォークモデルの論文を発表した1964年には、3つのストレンジクォークからなるオメガ粒子（Ω^-）も突きとめられていた。ここまで不都合な真実が重なると、南部のフラストレーションは大いに高まる。南部は「気持ちが悪い」「満足できない」などと、不快感を隠さなかった。

	赤	緑	青	平均
アップ(u)	+1	+1	0	+2/3
ダウン(d)	0	0	−1	−1/3
ストレンジ(s)	0	0	−1	−1/3

南部が考案したクォークの整数電荷モデル

クォークモデルに「色」を導入

では、どうすればクォークモデルはパウリの排他律とうまく折り合いをつけられるのだろうか。南部が使ったマジックは、3種のクォークに「色」をつけてしまうことだった。のちに量子色力学で「色荷《しきか》」や「色電荷」「カラー・チャージ」と呼ばれる重要な概念である。

まずはでき上がりの姿を示した上の表を見ていただこう。アップ（u）にもダウン（d）にもストレンジ（s）にも「赤」「緑」「青」の3つの〝兄弟〟が誕生している。また、人によっては、これを「三つ子のクォーク」と呼んだ。また、電荷の量を示す数字に整数が並んでいることにもご注目願いたい。整数電荷モデルの整数にウソはない。

色をつけてしまえば、アップ（u）が3つ同居するデルタ粒子（Δ^{++}）でも、uの色はそれぞれ違うので、パウリの掟に違反することはない。

もっとも、南部が量子色力学に挑んだこの時期も、学界には粒子の数を増やすことに少なからぬ抵抗感が残っていた。ましてやクォークの数を3つから一気に9つに増やすような提案をすれば、いかほどのブーイングを浴びるか見当がつかない。南部は「色」を持ち出すのに、ずいぶんと勇気をふりしぼったことだろう。

量子色力学の色は南部が考案した重要な概念だ。ただし南部自身は当初、機械的に「1、2、3」の数字を割り振っていただけだった。

これに対してネーミングには独特の才能を持つゲルマンは「色（color）」という呼び方を提案し、学界に浸透させた。

ゲルマンはたまたまフランスにいるときにこのアイデアを思いついたので、フランスの三色旗から「赤」「白」「青」を選んだ、という。ただし学界で最終的に定着したのは三色旗ではなく光の三原色の「赤」「緑」「青」だった。色をめぐって南部とゲルマンがやりあった小競り合いの話である。

物理学ことはじめ

色荷

色荷は正の電荷を持つ陽子と負の電荷を持つ電子が引きあうように、クォークどうしが互いに相手を引きつけあう力の源泉。強い力を及ぼしあうクォークの営みを説明するために考案された概念で、色電荷やカラー・チャージともいう。

陽子の中にはアップクォーク（u）が2つとダウンクォーク（d）が1つあるが、電磁気力の観点からは、これらは一つにまとまれない。だが色荷がもたらす強い引力は電磁気力を圧倒するほど大きく、陽子は陽子の姿を保つことができる。

強い力を伝えるゲージ粒子のグルーオンも、色荷を備えた粒子だ。グルーオンはクォークとクォークを結びつけるので「のり粒子」とも呼ばれる。色荷を持つものどうしに強い力が働く、と定めた量子色力学は、素粒子の標準理論になくてはならない重要な理論だ。

南部マジック全開

もう一つ大切なことを検証しよう。南部はクォークモデルから分数を追放してみせはした。だが、これで何か問題は生じないのだろうか。あらためて南部の整数電荷モデルの表を見ていただきたい（↓195ページ）。たとえば青アップには〈0〉、赤アップと緑アップには〈+1〉の電荷が与えられている。

そこで仮想実験をしてみよう。3つの色のアップクォークを全部集めてきて、コップの中に入れ、電荷の量を測定するのだ。すると、電荷は平均されて、クォークが持つ電荷は〈$+\frac{2}{3}$〉に見えるようになる。

これはゲルマンのクォークモデルと一致する。ダウンでもストレンジでも同じこと。赤、緑、青の電荷を足し合わせて平均値をとれば、平均値は〈$-\frac{1}{3}$〉となり、ゲルマンのモデルと同じになる。

南部はこうやって個々の赤、緑、青のクォークには整数の電荷を持たせながら、ゲルマンのモデルとも矛盾しない〝作品〟を作りあげた。南部マジック全開である。

ただしこのとき、南部はあえて、赤、緑、青のクォークに必ずしも整数の電荷を与える必要はなかった、といわれる。つまり計算高くふるまうなら、論文には「電荷は分数でもかまわない」と書いておくのが最良の方法だった。

この場合の各クォークの電荷は次ページの表のようになる。これはゲルマンが定めた電荷をそのまま赤、青、緑のクォークにも適用したにすぎない。

実のところ、色を導入すれば、それでパウリの排他律への抵触は防止できた。あえてゲルマン・モデルの分数を否定するリスクをとる必要はなかったのだ。南部本人にもそうした迷いはあったらしい。もう少ししたら南部研究室にやってくる江口徹は、南部が「これは損をしたかな。どちらの可能性もあるといっておいたほうがよかったかもしれない」と冗談のように語るのを聞いたことがある。

	赤	緑	青
アップ(u)	+2/3	+2/3	+2/3
ダウン(d)	−1/3	−1/3	−1/3
ストレンジ(s)	−1/3	−1/3	−1/3

電荷に分数を採用した場合の南部のクォークモデル

もしこのとき、「整数でも分数でも可」というゆとりのある構えをとっていたら、南部は自発的対称性の破れの研究実績に加えて量子色力学の創始者として、もっと早くノーベル賞を獲得していたかもしれない。

しかし、それでも当時の南部は整数にこだわった。そのわけを江口は「日本の素粒子論の伝統である湯川や坂田の哲学に強い影響を受けていた南部先生は、クォークが数学的な仮想的なものではなく、自然界に実在する粒子であると考えたかった」と書き残している。

整数の電荷と色を同居させたことで、南部の量子色力学には出発の時点で少し傷がついたことは否めない。しかし南部は分数をとにかく消し去りたかった。そのためには色を少々、犠牲にしてもかまわなかった。当時の南部にはこんな思いとこだわりがあったように思えてならない。

小柴とファックスライン開通

ここからしばらく人との交流の話をしよう。原がシカゴ大学にやってくるより少し前から、南部は宇宙線の観測で頭角を現しつつあった小柴昌俊と頻繁に連絡を取りあうようになっていた。

1963年11月、東大理学部の助教授となった小柴は自分の研究室を開設した。その際、小柴は南部を頼りにし、研究を進めていて不安になったときは迷わず南部に質問をした。質問文はファックスで送った。小柴によると「わからぬときは南部に聞け」は研究者の世界でかなり知られた教訓だった。南部研究室には物知りの南部に教えを請うため、少なからぬ人が出入りしていた。

小柴が問い合わせをした翌日には、南部から回答の文書が送られてきた。南部は小柴の質問に几帳面に返事をしてくれた。しかし南部の返事には問題があった。文章がたった5〜6行と短かすぎて、なかなか理解できなかったのだ。

弱った小柴は、南部が送ってくれたファックス文書を持って先輩の理論物理学者を訪ね、〝解読〟を依頼した。すると後日、小柴の元には南部の返事を2ページくらいにわたって解説した文書が届けられた。〝南部語〟の理解には少なからぬ人が苦労した。小柴も同種の洗礼を浴びたといえるだろう。

吉村が残した「南部を理解する方法」

原のあとにシカゴ大学の南部研究室にやってきたのは、吉村太彦《もとひこ》だったろうか。のちに東大宇宙線研究所の所長を務める吉村は、1967年にシカゴにきたときは、まだ大学院生だった。吉村は南部研に3年ほど在籍し、間近で見た南部の人物像について科学雑誌『数理科学』に詳しく書き残している。その、いくつかを紹介してみよう。

「南部はある程度、親しくなると相手の年齢、業績などに構わず自分の頭にあることを話し出す」

「しかし、その話題は流行とはほど遠い。南部の話を聞く側は、なぜ、研究者仲間で話題にならないことを、この人は考え続けているのか、と理解に苦しむ」

「しかし三十分も我慢して聞いていると、南部の問題意識が素粒子物理の根幹にかかわっていることに気づかされた」

目の前の人物が一定のレベルの能力と知識を持っているなら、地位や肩書きは気にせず、相手に気さくに話しかけ、議論を楽しむ南部流のやり方は、まだ若い吉村にでも同じだった。きっと南部は、接点がなかったハン・ムヨンが連絡をよこしたときも、彼を一人前と認め優しく接したのだろう。

吉村は難しい南部の物理を理解するための方法も書いている。それは「論文を読むよりも本人から話を聞く」「しかも完成前に話を聞く」。そのほうがはるかにわかりやすい、というのだ。言い得て妙である。

また吉村は、大学で素粒子理論のセミナーが開かれると、南部が一番前の席に座り、発表に耳を傾けている姿を何度も目撃した。この頃には南部がシカゴ大学の素粒子理論グループのリーダーとなっていたことを示す証拠である。

南部に他大学からスカウト

自発的対称性の破れの論文を発表し、ゲルマンとクォークモデルについて論争していたこの時期の南部は、知名度が次第に上がり、スタンフォード大学など米国各地の一流大学からしばしばスカウトされた。しかし、南部はそれらのオファーをすべて断った。スカウトに応じなかったわけの一つは、妻の智恵子も感じていたシカゴの落ち着きのよさ、田舎らしさにあった。

シカゴに人種差別の問題が皆無とはいわない。しかし、スタンフォード大学がある西海岸でみられるほど顕著なものではない。また、洗練された大都会が多く気位の高さも感じる東部の名門大学と比べても、シカゴの街と大学には、純朴さとそれに伴う快適さがあった。南部はこのあと、2010年過ぎまでシカゴに住み続ける。南部にはシカゴという街が性にあっていた。

天体観測が趣味だった

シカゴ大学に腰を落ち着けた南部は、ひとつの趣味にいそしむようになった。天体観測だ。夜になると愛用の望遠鏡を持ち出して空を眺める南部の姿は、ちょくちょく大学の同僚たちに目撃された。

天文台まわりもよくやった。休日になると車を運転してあちらこちらの天文台をいきなり訪ねる。事前の連絡なしにだ。そして「私はシカゴ大学の南部です」と名乗ると、館内に入って見学を始めるというのである。夏休みが始まると、南部は3週間ほどかけてあちらこちらにドライブに出かけた。望遠鏡を車に積んでコロラド山中のアスペンに出かけることもあった。

高級スキーリゾート地として知られるこの地では、夏になると素粒子分野のワークショップが開催されてにぎわう。南部は、昼はワークショップに参加し、夜は天体観測で楽しんだ。これが南部流のアスペン会議での過ごし方だった。

天体観測では、ちょっとしたサプライズが起きた。南部がカシオペア座のあたりで新しい彗星を見つけたのだ。南部の記憶によるとそれは、1970年か1976年のことだった。発見者は功績を讃えられ、彗星に自分の名前がつけられることになっている。南部は胸躍らせて天文台に報告した。

しかし、少し遅かった。ほんのしばらく前に、誰かが発見の申請をしていたらしい。素人離れした観測の腕を持つ南部ならではのエピソードである。

南部は女性推理作家のサラ・パレツキーが書いたシカゴが舞台の探偵小説が好きで、多くの作品に目を通していた。彼女の夫はシカゴ大学の同僚だった。

未踏の3色クォークの力学にメス

南部陽一郎の歩みを振り返ると、重要な成果を発表するときに、なぜか本来の発表場所である学術誌を避けて通っていた傾向がある。自発的対称性の破れの研究成果を米パデュー大学での講演で披露したときもそうだったし、3つの色のクォークが互いにどんな力を及ぼしあうのかという難問にメスを入れたときもそうだった。

南部が知人であるヴィクター・ワイスコフ（マサチューセッツ工科大学）の記念論文集に論文を寄稿したのは、ハンと共同論文を書き上げたあとのことだった。ワイスコフは米物理学会の会長や欧州合同原子核研究機構（CERN）の事務局長を務めたりした学界の重鎮である。

南部はこの論文で、過去には言及していなかった未踏の領域に足を踏み入れてみることにした。南部はハンとの論文で、陽子や中性子の中にはクォークを結びつける「スーパーストロング（超強力）な力が存在する」とは書いていた。ただし分量はほんの一文だけ。そのときは研究と洞察が及ばず、そうとしか書けなかったのだ。

だからこそ、今度はクォークの力学について論じてみたい、という望みが沸々と湧いてきた。ゲルマンでさえクォークモデルでは触れることなく素通りしたクォークのダイナミクスを論じるのは、研究者として痛快である。

そもそも3色のクォークは、ハドロンの内部でどのように力を及ぼしあっているのだろうか。陽子を考えてみよう。陽子の中にいる3つのクォークのうち2つはプラスの電荷を持つアップクォーク（u）だから、電磁気的には反発しあう。だからクォークを互いに引きつけあっているのは、色荷による引力であることは間違いない。しかし、その詳細なメカニズムをどう説明するか。

南部はひとまず、プラスの電荷とマイナスの電荷の間に働く電磁気力と同じようなしくみを、色にも適用することにした。クォークとクォークの間には色荷に比例するような力が生まれ、これが引力の源泉になると考えた。2つのクォークの間に働く力は、両方の色をかけあわせた値になる、と想定したのだ。

南部は著書の『クォーク』（講談社ブルーバックス）の中で「クォークの色に比例するクーロ

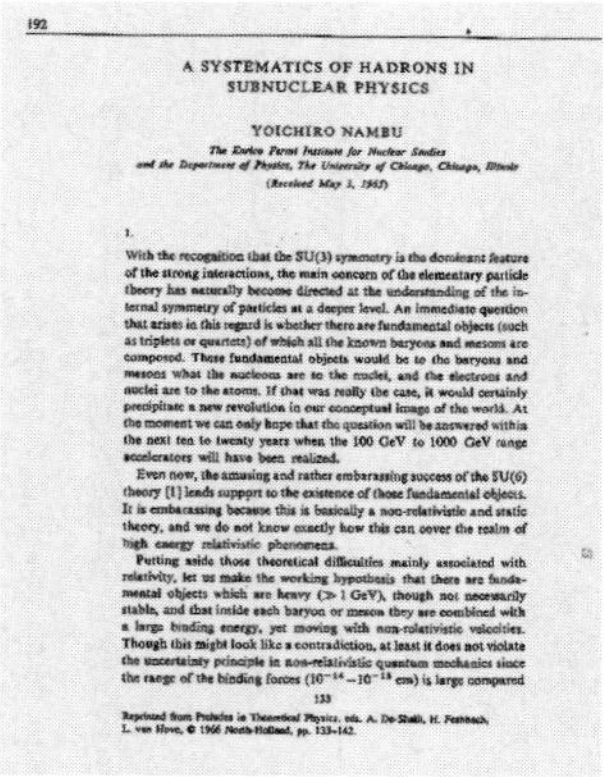

192

A SYSTEMATICS OF HADRONS IN SUBNUCLEAR PHYSICS

YOICHIRO NAMBU

The Enrico Fermi Institute for Nuclear Studies and the Department of Physics, The University of Chicago, Chicago, Illinois

(Received May 3, 1965)

1.

With the recognition that the SU(3) symmetry is the dominant feature of the strong interactions, the main concern of the elementary particle theory has naturally become directed at the understanding of the internal symmetry of particles at a deeper level. An immediate question that arises in this regard is whether there are fundamental objects (such as triplets or quartets) of which all the known baryons and mesons are composed. Those fundamental objects would be to the baryons and mesons what the nucleons are to the nuclei, and the electrons and nuclei are to the atoms. If that was really the case, it would certainly precipitate a new revolution in our conceptual image of the world. At the moment we can only hope that the question will be answered within the next ten to twenty years when the 100 GeV to 1000 GeV range accelerators will have been realized.

Even now, the amusing and rather embarassing success of the SU(6) theory [1] leads support to the existence of those fundamental objects. It is embarassing because this is basically a non-relativistic and static theory, and we do not know exactly how this can cover the realm of high energy relativistic phenomena.

Putting aside those theoretical difficulties mainly associated with relativity, let us make the working hypothesis that there are fundamental objects which are heavy ($\gg$ 1 GeV), though not necessarily stable, and that inside each baryon or meson they are combined with a large binding energy, yet moving with non-relativistic velocities. Though this might look like a contradiction, at least it does not violate the uncertainty principle in non-relativistic quantum mechanics since the range of the binding forces ($10^{-14}-10^{-13}$ cm) is large compared

133

Reprinted from Preludes in Theoretical Physics, eds. A. De-Shalit, H. Feshbach, L. van Hove, © 1966 North-Holland, pp. 133–142.

陽子や中性子の色は白いと論じた南部の量子色力学論文

ン力のようなものが存在して、白色の場合にそれがゼロになるという理論が作れないだろうか」と書き残している。

しかし、プラスとマイナスしかない電荷と比べて、色荷は3種類もある。「赤」「緑」「青」の色荷がどのように力を及ぼしあうかの解析は、とてつもなく困難なことが予想された。量子色力学の計算は現代では、スーパーコンピューターを使って行われている。南部が挑んだのはこれほど大変な課題だった。

赤、緑、青は混じり合って白色に

南部はワイスコフにどのような内容の論文を送ったのか。1965年5月に届けた論文のタイトルは「素粒子物理におけるハドロンの体系学」といった。

最大のポイントは、陽子や中性子などの現実に存在するハドロンは、赤、緑、青の3色のクォークが等量ずつ混じり合って、白色や〝色なし〟になっているとの見解を打ち出したことだ。3

色のクォークが等しく混ざって白色になったとき、クォークが互いを引きつけあうエネルギーが大きくなって、ハドロンは安定して存在できるようになる、というのである。

光の三原色（赤、緑、青）は3つ混ぜ合わせれば白になる。この現象と同様に、現実のハドロンはすべて白色である。赤、緑、青の配合が不規則で変な色をしたハドロンは一時的に存在しても、不安定なので長くは存在できない。これが、南部が世界で初めて指摘した量子色力学の要諦だった。

中間子も同じだ。クォークと反クォークの2つでできた中間子も、現世に存在しうる粒子の色は白に限定される。たとえば片方のクォークが赤クォークなら、その相方の反クォークは、現実の世界で赤の補色となる青緑を帯び、全体では必ず白になる。

補色とはそもそも相手の色と混ぜると白になる色のこと。青クォークとペアを組む反青クォークの色は青の補色の黄、緑クォークの相方の反緑クォークの色は緑の補色の赤紫というわけだ。

湯川の中間子論を描き直した色力学

成果はまだある。南部は論文で、クォークとクォークを結びつけて力を伝える質量ゼロの粒子にも言及していた。現代の素粒子物理学では「グルーオン」と呼ばれる粒子だ。陽子の内部を描いた次ページのイラストをご覧いただきたい。アップクォーク（u）とダウンクォーク（d）は

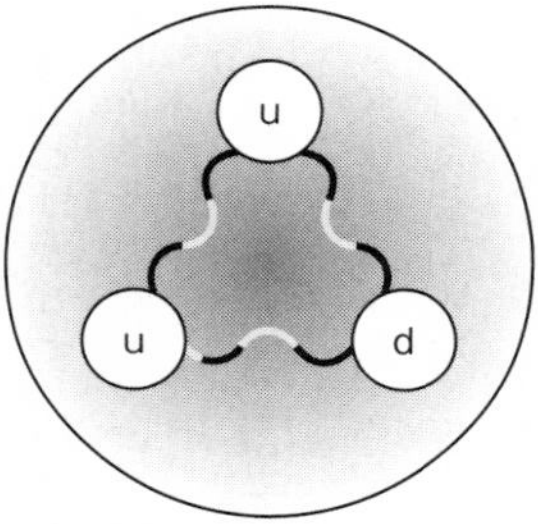

クォークを束ねるグルーオン

ゴムひものような粒子でバラバラにならないように束ねられている。これが「のり粒子」の異名を持つグルーオン。クォークとクォークの間に強い力を伝えるゲージ粒子だ。

南部はこの種のゲージ粒子は全部で8種類あり、それぞれが異なる色荷を持っていると指摘していた。

こうやって登場した量子色力学は、世界の科学史をも揺さぶった。一世を風靡した湯川の中間子論を過去の伝説としてしまったのだ。湯川の中間子論は、陽子や中性子といった核子は中間子をキャッチボールすることによって強い力を及ぼしあっている、と指摘した。

だが、それから約30年。南部によって基本の枠組みが固められた量子色力学は、核子の中でクォークがグルーオンで結ばれて強い力を相手に伝えるという新しい世界観を提示した。湯川の時代は不明だった核力の源泉は、3色の色荷が発する強い力だったのだ。

こうして湯川の中間子論は、南部が始めた量子色力学によって描き直された。しかし、粒子はキャッチボールをして力を伝えるという根底にある考え方は不変だ。素粒子物理学への湯川の貢献は色あせてはいない。

ひも理論も提唱

南部は1960年代にもう一つ、大きな仕事をやってのけている。現代の超弦《ちょうげん》理論の源流となったひも理論（ハドロンのひもモデル）を考案したことだ。ひも理論は、自発的対称性の破れ、量子色力学とともに、南部の代表的な3つの研究成果の一つに数えられるものである。

この理論の凄さは、全宇宙に存在するあらゆる粒子は一見、点状に見えるが実はそうではなく、長いひもでできていると主張したことだ。日常の生活でも、ボールに見えたものが近づいてよく見れば、長いホースだったという体験をすることがある。それと同様に、点のような粒子の実態は細長いひもだ、というのが南部の主張である。

では粒子の種類の違いはどうやって決まるというのだろうか。南部は、同じひもでも振動のしかたによっていろいろ状態に違いがあり、これが粒子の種類に対応するのではないかと推測した。

南部がひも理論を考案するきっかけとなったのは、1968年にイタリアのG・ベネチアーノが陽子などの核子の内部で働く強い力を表すために考案した「ベネチアーノの公式」だ。この公式は、美しい式だっ

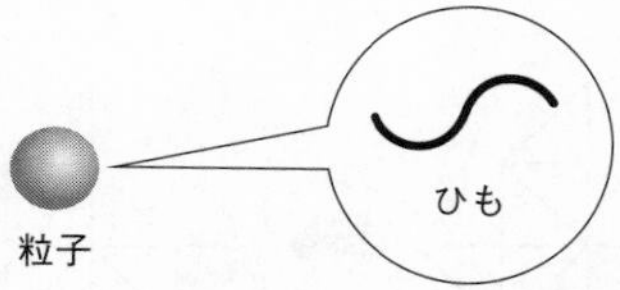

粒子は一見、点状に見えるが実はそうではなく、長いひもでできている？

た。それに魅了された南部は、式の背後にどのような物理的な「像（ピクチャー）」があるか想像し、式を自分流に書き直していった。

　すると南部の脳裏には、これがひもの構造やひもの振動を記述する数式と同じではないか、というアイデアがひらめいた。ベネチアーノの公式からひも理論が湧いて出てきたのだ。

　ほぼ同じ頃「木庭・ニールセンの式」も発表された。木庭とは、東大時代の南部の友人である木庭二郎。この時期、コペンハーゲン大学（デンマーク）のニールス・ボーア研究所の教授となっていた木庭は、門下生のホルガー・ニールセンとともに、ベネチアーノの公式を進歩させた数式を考案していた。

　南部はなつかしさを感じつつ木庭の数式を凝視した。するとその中に無限の調和振動子が入っていて、それがひもの振動に相当することに気がついた。さらに、ひもの端に粒子がついている、というイメージも湧いてきた。

　子供の頃、南部は「だまし舟」という折り紙が好きだった。帆掛け舟の帆を目を閉じてつかん

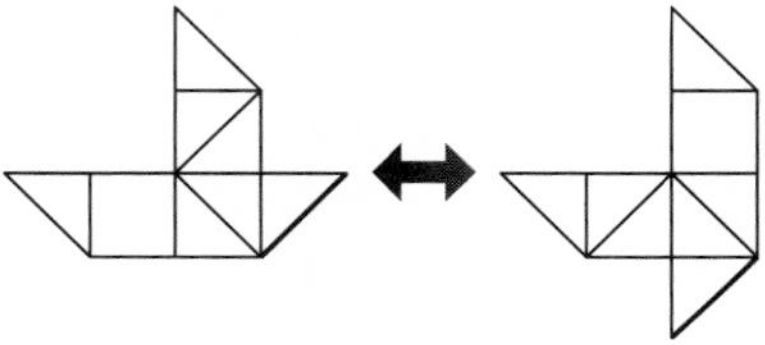

南部が好きだった「だまし舟」
（南部陽一郎『クォーク』〔講談社ブルーバックス〕より）

でいると、いつのまにか舟の前の部分（舳先《へさき》）に変わってしまう、マジックのような仕掛けがお気に入りだったのだ。

クォークに色をつけてみたり、宇宙に存在する粒子は点ではなくひもだといってみたり。この時期の南部は湯水のようにアイデアを思いついては、変幻自在に素粒子物理学に応用していた。南部が物理の世界で「魔法使い」とも呼ばれたゆえんである。

塩水湖の旅がもたらした波乱

南部が公の場でひも理論のアイデアの一端を語ったのは、１９６８年にデトロイトのウェイン州立大学で開かれた国際会議だった、とされている。「ひも」という言葉を使った素粒子理論が現れたのは、おそらくこのときが初めてだったろう。

やがて南部が、ひも理論の全貌を披露したい、と考えたのは、コペンハーゲンで１９７０年の夏に開催された国際シンポジウムだった。南部はシンポジウムを企画した木庭たちから講演を依頼されていた。

論文と違って講演はさほどの堅苦しさは必要なく、かなり自由にしゃべることができる。南部はのびのびと講演原稿を書き進めた。講演のタイトルは「双対性《そうついせい》とハドロン力学」だった。

だが南部がシカゴからコペンハーゲンへ向かう旅は、波乱の展開となった。季節は夏。南部は夏休みを利用して、家族と車で西海岸のサンフランシスコまで行き、そこから飛行機で北欧へと飛ぶプランを立てた。家族は友人の家に預ける段取りだった。

しかし、ユタ州の北部にあるグレートソルト湖を通過するとき、車のエンジンが壊れてしまった。グレートソルト湖は西半球最大といわれる塩水湖。夏には猛暑によって湖の水は蒸発し、塩で真っ白になる。そんな場所を走っているうちに車が故障し、一行は砂漠の中のウェンドーバーという小さな町に3日間も足止めされた。

一説には、故障の原因は南部の乱暴な運転だった。真っ白な景色の中を走っているとき、南部一行は他の車に追い越された。しゃくにさわって抜きかえそうとした南部がアクセルを踏み込んだら、もともと故障気味だった車はオーバーヒートして動かなくなってしまった、というのだ。南部がめったに見せない子供じみた一面である。

南部の車がサンフランシスコに着いたときには、国際シンポジウムに間にあう航空便はもうなくなっていた。南部は渡航を断念せざるをえなくなった。木庭と旧交を温めるせっかくの機会を逸した南部は、家族と一緒にこの夏をカリフォルニアで過ごした。

ひも理論も南部論文集に収録

この一件で南部はがっかりして、講演の内容を正式な論文にする気が起こらなくなった、というから、失意の程度が推し量れる。幸い、講演原稿は出席が無理だとわかったあとにコペンハーゲンに送ることができた。「原稿はそのうちシンポジウムの会議録に掲載してくれるだろう」と南部は期待した。

ところが、会議録はなかなか出なかった。いや主催者の手違いが重なって結局、会議録は出版されずじまいになった。楽観的な南部の思惑は外れてしまった。

回り回って南部を失策から救ってくれたのは、ここでも江口と西島だった。彼らは捨てられずに残っていた〝幻のひも論文〟を苦労して見つけ、南部論文選集に収録したのだ。それまでもひも理論の創始者が南部であることは、一部の研究者には知られていた。しかし論文選集に再録されたことで、その事実は広く知れわたった。

なお、ひも理論は南部とほぼ同じ時期に、木庭門下のニールセンや米国のレオナルド・サスキンドも提唱していたこともお知らせしておこう。また日本大学の後藤鉄男も南部と同様のひも理論を提案していた。

南部研に菅原が加入

塩水湖事件より少し前の1967年に、南部のもとにやってきた菅原寛孝《すがわらひろたか》の話もここで少ししておこう。菅原は日本から米国に渡り、カリフォルニア大で腕を磨いているときに南部から「シカゴにこないか」と声をかけられた。菅原はそれ以前に一度、原に連れられて南部家を訪ねており、二人は面識がある間柄だった。

菅原がシカゴ大学に行ってみると、当時の南部はひも理論と縁の濃い無限成分方程式に凝っていた。菅原の目に映った南部はとても謙虚な人物だった。学位さえ持たない若造の菅原を一人の研究者として丁重に扱い、南部夫人は日本の料理に飢えた菅原を、日本食をつくってもてなした。

東大の大学院生の頃から「リー菅原の関係式」の研究で名をあげていた菅原は、南部研究室では独自に「カレント場の理論」を研究した。それまで場の量子論では具体的な計算は、近似的な解を求める摂動論に頼る傾向があった。だが菅原はそこに、電荷・電流密度（カレント）に着目したカレント代数の手法を持ち込み、南部からも高く評価された。

躍進の10年

ここまでの南部の歩みを、年表を見ながら振り返ってみよう。すると南部の３つの大きな研究成果（自発的対称性の破れ、量子色力学、ひも理論）が、１９６０年代のほぼ10年間に集中していることがわかる。南部はこのとき、40歳代。心身ともに充実した時期だった。

南部があこがれたアインシュタインには「奇跡の年」と呼ばれる年があった。スイス特許局で技術専門職員として勤務しながら、アインシュタインは１９０５年に特殊相対性理論、光量子仮

1961年	南部が自発的対称性の破れの理論を発表
1963年	ケネディ大統領が銃撃され死亡
1964年	ゲルマンがクォークモデルを発表 ヒッグスたちがヒッグス機構に関する理論を発表 東京五輪開催
1965年	南部が３色のクォークを提案し量子色力学を創始 朝永振一郎がノーベル物理学賞を受賞
1967年頃	電弱統一理論が完成
1968年	ベトナムでソンミ村虐殺事件 キング牧師暗殺
1960年代終盤	南部がひも理論を発表
1969年	ゲルマンがノーベル物理学賞受賞 アポロ11号が月面着陸（人類が初めて月に到達）

1960年代の南部と米国のおもなできごと

説と光電効果、ブラウン運動といった科学史に名を残す重要な論文を続々と発表した。光さえも吸い込むブラックホールもまた、アインシュタインの相対性理論によって予見された存在だ。

アインシュタインの奇跡に似て、1960年代は南部にとって躍進の季節だった。10年という短い年月の間にこれほどインパクトのある研究を3つも成し遂げた研究者はそうそういない。

一方、目を学界の外に向けると、米国社会は殺伐・騒然とした空気に満ちていた。1963年にはジョン・F・ケネディ大統領がダラス市内をパレード中に銃撃されて死亡する事件が起きた。黒人の差別廃止のリーダーだったキング牧師は凶弾に倒れ、ケネディ大統領の弟のロバート・ケネディも1968年に暗殺された。米国の社会と人心は荒廃した。

米国が介入を始めたベトナム戦争は泥沼化し、国内では反戦運動が激化していった。その一方で米国人の「反アジア」感情も高まった。ベトナムで米兵が捕捉され虐待を受けた、といった報道が流れると、少なからぬ米国人は、日常生活で目にするアジア人に憎しみの視線を送りはじめた。

こんな空気は、大学にもしのびよった。当時、南部は日本国籍のままシカゴ大学で研究生活を続けていた。だが南部は、ある種の居心地の悪さ、不安、もっといえば外国人として米国にとどまることによる身辺の不安を、この時期ひしひしと感じるようになっていた。

米市民権を取得

そんなとき、南部に事件が起きた。ベトナム戦争への反戦運動をしていた学生を励ます趣旨の意見を南部はいずこかの場で表明したらしい。すると南部はFBI（連邦捜査局）とおぼしき男につきまとわれるようになった、というのだ。江口徹があるとき、耳にした嫌な話である。

南部は1950年代にもソ連で開催された国際会議に出かけた際、きちんと参加登録をしなかったとFBIに咎められた苦い思い出があった。南部の脳裏には、プリンストン高等研究所の所長だったオッペンハイマーの姿がよぎった。彼はいわゆる「赤狩り」の標的となり、公職追放処分を受けた。マンハッタン計画を成功させたオッペンハイマーでさえこうなのだ。ハリウッドで活躍した英国の喜劇王チャップリンもまた、赤狩りにあい、米国から追放されている。米国籍を持たない自分も、どのような目にあうかわからない——南部はこんな危惧の念を抱いたのかもしれない。

こうして南部は、ある決断へと至る。「日本の大学には戻らないと決めた以上は、米国籍を取得すべきだ」と。米国の市民権があれば、海外の学会に出かけて帰ってきたときに、いちいち出張理由を当局に報告する負担からも解放される。1970年のことだ。

しかし日本の国籍法は、単一国籍が原則。米国に帰化するということは、日本国籍を捨てるということだ。南部にはこの一件をなかなか伝えられない相手がいた。福井に住む両親だった。日本国籍を捨てる、といったら二人が悲しみ寂しがるのは目に見えている。

ようやく意を決して「望むところではありませんが米国の人間になりました」と口にしたとき、父の吉郎は「学問に国籍はない。研究のためならどこの国籍でもかまわない」と陽一郎を励ました、という。南部は心の中で涙し、許しをくれた吉郎に感謝した。

第6章 引用・参考文献

『素粒子の宴』(南部陽一郎、H・D・ポリツァー、工作舎、1979年)

『ある物理学研究者／物理学教育者の回想』（原康夫、学術図書出版社、2018年）
『トップクォーク最前線』（原康夫、NHKブックス、1991年）
『数理科学』2010年9月号（南部陽一郎特集号）
「南部さん、西島さんとの60年」（小柴昌俊『日経サイエンス』2009年5月号）
「素粒子物理学変革期の南部先生」（吉村太彦『日本物理学会誌』2009年第2号）
『ほがらかな探究　南部陽一郎』（福井新聞社、2009年）
インタビュー「南部陽一郎のよもやま話」（大阪市立科学館研究報告、2009年）
『クォーク』（南部陽一郎、講談社ブルーバックス、1981年）
「対称性の自発的破れとひも理論」（南部陽一郎『日経サイエンス』2009年3月号）
南部陽一郎インタビュー（米物理学会、2004年）
「南部先生が成し遂げたこと」（大栗博司『日経サイエンス』2015年10月号）
福井新聞2008年10月8日付社会面

第7章　ひも理論VS量子色力学

「クォークの閉じ込め」解いた南部理論

自発的対称性の破れや量子色力学など、3つの大きな成果を生み出したあとの南部には、もはや語るべきものがほとんどなくなったと思われるかもしれない。しかし、それは間違っている。これからしばらく素粒子物理の世界は、南部理論によって、「クォークの閉じ込め」や「漸近的自由性」といった難解でミステリアスな現象が解明されることになるからだ。

しかも状況は南部にとって、この上なく愉快な展開となった。クォークを陽子などの中から取り出せない現象を、うまく説明できる理論の有力候補は、いずれも南部が産み落とした量子色力学とひも理論の2つに絞られたからだ。

いったいどちらが勝者となるのか。こんな〝わが子〟どうしの贅沢な対決に遭遇した研究者など南部をおいてほかにはそうそういない。

海外で著名な存在となりつつあった南部を、日本も放っておけなくなった。1978年に南部は日本から文化勲章を授与された。日本の国籍を離れた人物が最高峰の文化勲章を受章するのは異例のできごと。湯川、朝永に続くノーベル賞への期待が高まった。南部が57歳のときだった。

南部はシカゴ大学の伝統ある物理学科でチェアマン（学科長）のポストにも就いた。研究のみならず、組織のリーダーとしてシカゴ大学を牽引するミッションを担ったのだ。南部はシカゴ大学を代表する「顔」となった。

この頃、素粒子物理の世界では新しい景色も見えはじめていた。日本の益川敏英と小林誠が、「クォークは最低6種類ある」と大胆な説を提唱。時をおかず米国では、既知の3つの粒子に続く4番目のクォークの存在が突き止められた。

さあ、それでは新たな時代の南部の生き様を追いかけてみよう。

巨大加速器でクォークに現実味

米西海岸のスタンフォード大学・線形加速器センター（SLAC）で稼働を始めた巨大な線形加速器で興味深い現象が見られはじめたのは、1968年頃のことだった。

全長が3・2キロもあり、人々が「モンスター」と呼んだこの加速器では、高エネルギーに加速した電子を、原子核の中の陽子や中性子に衝突させる深部非弾性散乱という実験が繰り返された。すると、陽子に向かって打ち込んだ電子の中から、大きく角度を曲げられるものや、打ち込んだ方向に跳ね返されるものが、想定を超えて多く現れた。

データは、陽子の中に電荷を帯びた小さく硬い塊があることを強く示唆していた。ゲルマン本人でさえその存在に自信なさげだったクォークに、現実味が出てきたのだ。

それまで素粒子物理の研究者は、一向に目の前に現れてこないクォークに、フラストレーションをため続けていた。素粒子物理の研究者は、ありとあらゆる手段でクォークを探し続けた。クォークが陽子の中にあるのなら地表の土からもクォークを探せる、と土の分析を試みた研究者もいたほどだ。だが、努力はいずれも徒労に終わっていた。そこにモンスターから現れた斬新な実験データ。研究者たちが大いなる興味を持たないわけがなかった。

クォークが見せた漸近的自由性

クォークの〝存在確認〟は、序章にすぎなかった。加速器は南部の量子色力学やひも理論の登壇を促す新しい実験データも叩き出していた。そのデータとはいったいどのようなものだったのだろう。

研究者たちは当初、クォークとクォークの間に働く強い力は、電磁気力と同様、距離が近くなるほど大きくなり、距離が遠くなると指数関数的に小さくなる、と予想していた。

ところが実験データを解析してみると、陽子の内部のクォークは、強い力に縛られるどころかのびのび自由に動いていた。クォークに働く力はごく近距離では非常に弱くなり、クォークはまるで自由粒子のように振る舞っているように見えた。漸近的自由性と呼ばれた不可思議な性質である。

逆に距離が大きくなって、陽子や中性子などの核子のサイズを超えると、クォークの間に働く引力は急速に増大した。当初の想定とは逆の結果だ。クォークは決して陽子や中性子の外に出てこない。クォークは閉じ込められている。そうした動かしがたい現実を実験データは雄弁に示していた。

しかし研究者たちはこれではおさまらない。なぜ、こんなことが起きるのか。彼らはそのわけを理論的に解明したがった。色荷を持つクォークは、互いにどんな力を及ぼすのだろうか。

だがクォークのダイナミクスを論じていないゲルマンのクォークモデルは、この種の計算に無力だ。しかし南部の量子色力学やひも理論なら、クォークの謎の挙動を解き明かしてくれる可能性がある。南部理論が注目されたわけがここにあった。

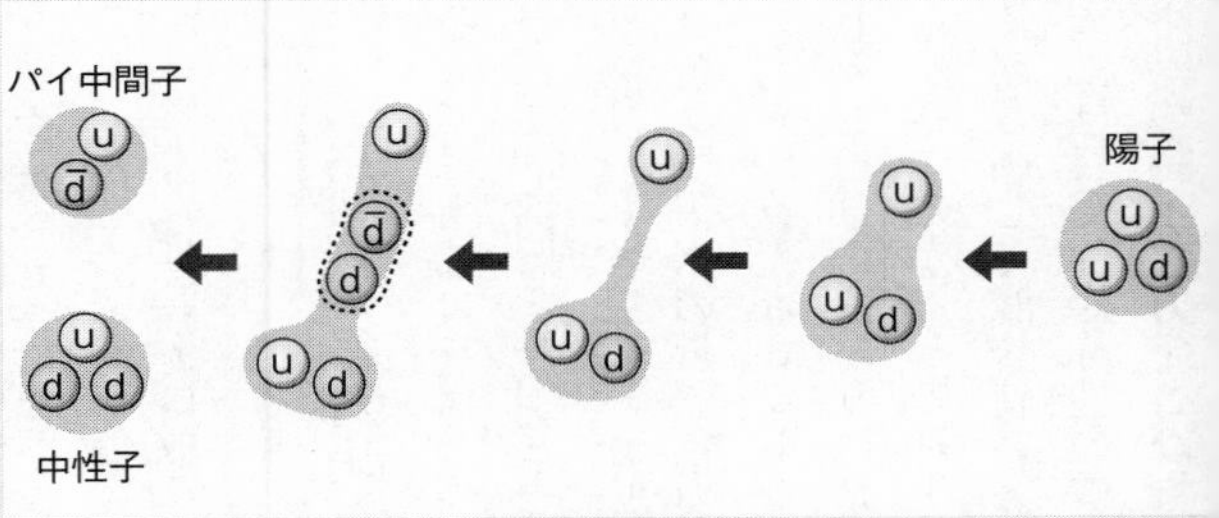

クォークを無理やり取り出そうとしたら

クォークを陽子や中性子の中から単独では取り出すことができない物理現象のこと。電子は原子から簡単に分離できるのに、クォークは単独で取り出されることはなく、陽子や中性子などのハドロンの中に「閉じ込め」られている。

それでも力ずくでクォークを陽子の中から取り出そうとした場合はどうなるだろう。その様子と結果を示したのが上のイラストだ。

アップクォーク（u）2つとダウンクォーク（d）1つでできた陽子から、無理やりアップクォークを引っぱって、外に取り出せる寸前までいったとしよう。陽子はもはや、なかばちぎれてしまっている。

しかしこのとき、アップクォーク（u）が陽子からちぎれかけた領域にダウンクォーク（d）と反ダウンクォーク（$\bar{d}$）のペアが現れる。次にdと$\bar{d}$はペアを解消して、反ダウンクォーク（$\bar{d}$）は陽子の外に出たアップクォーク（u）と合体してパイ中間子へと姿を変える。一方、片割れのダウンクォーク（d）はというと、陽子の中に残った2つのクォークと一緒になって中性子へと変身する。
こうして力ずくでクォークを陽子から取り出そうとする試みは失敗に終わる。結論は、何があってもクォークは単独では取り出せない、だ。

わが子の対決を楽しんだ南部

それでは南部自身は2つの理論をどう見ていたのだろうか。南部は次のようなことを語ったことがある。「閉じ込めを信じてひもを信ずるか、あるいは3色のクォークで、それがバラバラに出得るようにするほうがいいのか、非常にそれは選択に困ったことを覚えています」。

3色クォークの量子色力学とひも理論は、二者択一の関係にあったから、南部はあちら立てればこちらが立たないジレンマの状態にあったには違いない。

しかし南部の口ぶりは余裕綽々《しゃくしゃく》。わが子のように手塩にかけて育てた2つの愛する理論のどちらが勝つのか、その対決を悩むことなく、楽しんで眺めているかのようだ。アイデアがとめどなく湧き出して魔法使いとも呼ばれはじめた南部を象徴するできごとだった。

南部は自発的対称性の破れの研究を終えたあと、ヒッグス粒子や電弱統一理論でなく、3色クォークの量子色力学とひも理論に情熱を傾けた。そのおかげで南部は〝わが子〟どうしのビッグマッチを楽しむことができた、ともいえる。選択に悔いはない。彼は研究者冥利につきる至上の喜びを味わった、といえるだろう。

「クォークの閉じ込め」はひも理論でも説明できる

まず、ひも理論の話をしよう。ひも理論はクォークの閉じ込め現象を説明できたのだろうか。

答えはイエスだ。

まずはひも理論を視覚的・感覚的に把握していただこう。イラストは南部が講談社ブルーバックスから出版した名著『クォーク』に載せられたものだ。「q」と表示されたクォークは、質量がゼロで張力だけが働くゴムひものようなもので結ばれている。張力の強さはひもが伸びても変わらない。

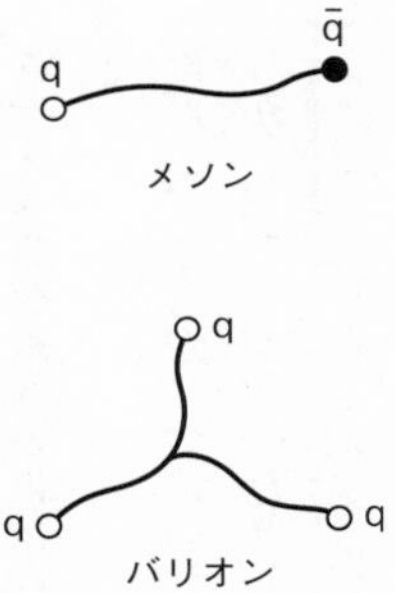

南部のひもモデル
（『クォーク』〔講談社ブルーバックス〕より）

上に見えるのはクォークと反クォークのペアでできたメソン（中間子）で、下に見えるのは3つのクォークが結ばれたバリオン（重粒子）だ。素粒子物理学ではこの2つを合わせてハドロン（強粒子）と呼ぶ。

南部が考案したハドロンのひもモデルは、クォークの閉じ込めを簡潔明瞭に次のように解説した。

「クォークを分離するにはひもを引き伸ばすことだが、これは膨大なエネルギーを投入しないとできない」

「ただし、ひもが2つに切れることはありうる」

「しかし、ひもが切れたとしても、ひもの切れ目にクォークと反クォークが即座に現れて、ハドロンが2つに分裂したようにしか観測されない。長い棒磁石を中央で切断しても、2つの棒磁石になるようなものだ」

「だからクォークはどうしても取り出せない」

単独のクォークが陽子や中性子などのハドロンから取り出せない「クォークの閉じ込め」現象を、難解な計算を抜きにしてうまく説明していることがおわかりだろうか。

ところがひも理論は1974年頃に短所や欠陥がいくつか見つかり、学界からフェイドアウトしてしまった。「ひもの営みや運動が安定して継続するのは26次元または10次元の時空間に限られる」といった理論的・数学的な面から、数々の問題が指摘されたせいだった。

こうして学界の関心は量子色力学へと向かった。いや向かわざるを得なかった。ひも理論がだめなら頼れるのはもはや量子色力学しかないからだ。

大学院生のポリツァーが謎を解明

量子色力学で謎を解き明かすレースに勝ったのは、博士号さえ取得していない米ハーバード大学の大学院生、ヒュー・デビッド・ポリツァーだった。

ポリツァーは1973年に『フィジカル・レビュー・レターズ』に掲載した論文で、量子色力学を駆使した計算結果を公表。その中で「クォークが互いに近づけば近づくほど、色荷が発する引力は弱くなる」と指摘した。漸近的自由性の現象が起きることを理論的に突きとめた初の成果だった。

米プリンストン大学のデビッド・グロスとフランク・ウィルチェックの二人もポリツァーとほぼ同じタイミングで、同様の結論を示した論文を発表した。激しい競争がもたらした同時ゴールだった。

H・D・ポリツァー
(The Nobel Prize)

ポリツァーらは南部の量子色力学の土台の上でゲージ理論を展開。さらにくりこみの手法を駆使して、延々と煩雑な計算を続け、ついにある種の符号が「マイナス」であるとの結論にたどりついた。それは、色荷が発する強い力は、距離が小さくなれば弱くなることを意味していた。この計算結果は、色荷による強い力は、距離が離れるにつれ大きくなることも示していた。

これで陽子や中性子などのハドロンから外部に取り出せない「クォークの閉じ込め」現象の謎が解けた。クォークとクォークの距離が大きくなると、両者に働く引力はどんどん大きくなる。だからクォークは核子の外に出られなくなり、あまたの人々によるクォークの捜索から逃れ続けたのだ。

漸近的自由性の背景に色荷の偏極

ではなぜ、クォークの色荷が発する強い力は、常識に反して距離が離れると大きくなっていくのだろうか。現代では次のように説明されている。

真空中に電子を1つ置くと、その周りの空間には一時的に「偏極」が起きる。電子のマイナスの電荷の周囲に、真空から生まれたプラスの電荷が雲のように集まってくるのだ。そのせいで電子が遠くのプラスの電荷を引きつける力は弱くなる。これはよく知られた電磁気力のケースだ。

では真空中に色荷を備えたクォークを1つ置くとどうなるか。この場合も「偏極」が起きる。クォークの周りに真空から生まれた色つきクォークや色つき反クォーク、さらに色つきグルーオンが集まり、力を及ぼし合うようになる。

ただし色荷の偏極のしかたは電荷とは逆だ。クォークの周りに同じ色の色荷を持つ粒子が雲のようにまとわりついて、雪だるまのように大きくなっていくのだ。そのせいで、クォークが遠くのクォークを引きつける力は強くなり、近距離ではその力は最も弱くなる。

強い力を伝達することが役割のグルーオンのふるまいにも注意を要する。グルーオンは電磁気力を伝える光子と違って、ただ力を伝えるだけでなく、自らが備えた色荷によって周囲に力を及ぼすからだ。こうしたグルーオンの挙動によって、色荷の偏極が電荷の場合と真逆になるように促される、とも専門家は説明している。

漸近的自由性のメカニズムに深入りすると迷宮の森に入り込みかねないので次へ進もう。

ひも理論は超弦理論に進化

量子色力学の成功とは対照的に、理論的に破綻したかに見えたひも理論。だが１９８０年代なかばに意外な展開が起きた。ひも理論を母胎にして、超弦理論が誕生したのだ。超ひも理論やスーパーストリング理論とも呼ばれる新理論である。

従来の理論は、電磁気力、強い力、弱い力の３つの力は一緒に計算できたが、重力は同列に扱えなかった。だが超弦理論は４つの力を統合する大きな可能性を秘めていた。しかも、この理論には宇宙の始まりや、ブラックホールの微細な性質を議論しやすい、という利点もあった。

南部の論文集を編集した江口徹が得意としたのも、この超弦理論。「江口ハンソン空間」と呼ばれるアインシュタイン方程式の新しい厳密解は、超弦理論の発展に著しく貢献した。また江口の弟子で、のちにシカゴ大学の南部研究室で助教授を務める大栗博司の専門も、同じく超弦理論。大栗はいまや超弦理論の世界的研究者だ。

さらに南部研究室で菅原寛孝が研究した「カレント場の理論」も超弦理論に結びついた。ひも理論の始祖である南部のＤＮＡは着実に次の世代に引き継がれた、といえるだろう。

「陽ちゃん、お茶」

この時代の南部家の様子もお伝えしておこう。１９７０年代になると、南部の元には日本から優秀な若手研究者が代わる代わるやってくるようになっていた。日本の主な窓口は、帰国して東大理学部の教授になっていた西島和彦と宮沢弘成の二人だった。

南部の一番弟子とされる江口徹の場合は、東大の博士課程を修了した１９７０年代なかばに博士研究員として南部研究室に入った。江口は大学院生の頃に結婚していてシカゴには夫婦でやってきた。

そんな二人は南部家を初めて表敬訪問するなり、カルチャーショックを受けた。お茶の時間になったとき、夫人の智恵子が陽一郎に向かって「陽ちゃん、お茶」と声をかけたからだ。

南部家では相手をファーストネームで呼ぶ習慣が定着していた。陽一郎が智恵子をどう呼んでいたかははっきりしない。しかし智恵子が「陽ちゃん」と声をかける光景には南部家を訪ねた誰もが遭遇し、ハッとさせられた。

この逸話にはまだ続きがある。実は「陽ちゃん、お茶」は「陽一郎さんお茶が入りましたからどうぞ」というわけではない。「陽一郎さん、お客様に飲み物を入れてね」という意味だった。南部家では客人にドリンクをつくってもてなす係は陽一郎だった。

江口夫妻が訪問した際は、陽一郎は若い二人を乳酸菌飲料のカルピスでもてなした。コップにカルピスの濃縮液を入れ、冷たい水を注ごうとしたとき、智恵子から声が飛んだ。「陽ちゃん、カルピスは液をいっぱい入れないとおいしくないよ」。客人には妻が夫を子供扱いしているように聞こえたかもしれない。しかし陽一郎には男子のメンツを失ったり、感情を害したりした気配はなかった。

いつの頃から、南部家でこのような光景が見られ始めたのかは定かではない。だが米国に渡って20年以上が過ぎたこのとき、南部家では米国流の男女平等の会話が当たり前のようにかわされていた。

南部の耳が痛くなるのは、終戦直後に智恵子を豊中の実家に残し、一人で東大に戻ってしまった一件を、彼女が持ち出すときだった。当時は食糧事情が悪く、とても智恵子を一緒に東京に連れていける状況ではなかったが、それでも彼女はこの一件でかなり気分を害したらしかった。

江口にとって南部は穏やかで仕えやすいボスだった。少々、話しただけで南部は江口を気に入り、友だちのような口調で話しかけてきた。上下関係を意識させる振る舞いや言動は見受けられなかった。

江口は南部のもとで博士研究員として過ごしたあと、いったんスタンフォード大学に転じ、1978年にシカゴ大学に戻って助教授のポストに就いた。海外の大学で2〜3年ほどを博士研究員として過ごすと足早に日本に戻っていく者が多いなかで、江口の生き様は違っていた。南部には志を一にする同志と映ったことだろう。

夫たちより妻たちはもっと仲よくなった。性格が似ていたのか、ウマがあったからなのか、近くでバーゲンをやっていると耳にすると、彼女たちは声をかけあっては頻繁に買い物に出かけていった、という。

智恵子はイリノイ州立短大の講師に

妻に頭が上がらない夫のようで、南部は大切な場面では智恵子によき助言を与えていた。長男の潤一や、米国にきてから生まれた次男の健二が成長し、手がかからなくなった頃、「君も外で何か仕事をしてみたら」と声をかけたのだ。

日本でミッションスクールに通った智恵子は、幸い英語は達者だ。夫の言葉を支えに、イリノイ州立短大でファッションデザインの講師として働きはじめた。智恵子は毎日1時間半ほど車を運転して自宅から短大に通った。そしてそこで智恵子が接したのは、予想以上に素朴な米中西部の女の子たちだった。

努力して仕事を続ける智恵子を陽一郎は「よく頑張っている。君は立派だ」と褒めてくれた。褒められると智恵子はもっと頑張ってみようと思い、家庭の外の世界に誘ってくれた陽一郎に感謝した。

こんな智恵子に日本からやってきた若手研究者はずいぶん助けられた。子供が病気になると智恵子は病院に一緒に行き、良薬を惜しまず処方するようかけあった。敗戦国の日本人が米国の医療機関に蔑《ないがし》ろにされないように、目を光らせてくれたのだ。

江口の妻も、智恵子に刺激を受けて、近所の日本人学校の幼稚園の先生として働きはじめた。米国に渡った日本人研究者の妻たちのひとつの生き様である。

始まった受賞ラッシュ

素晴らしい研究成果には称賛があとからついてくる。１９７０年代は米国の学界で成功した南部に、さまざまな賞が授与されはじめた時期となった。

まず１９７０年に南部は、ハイネマン賞数理物理学部門賞を受賞した。過去にはゲルマンやゴールドバーガーも受賞した栄誉だった。１９７１年には米国の科学者のみならず世界の研究者にとって最高級の名誉とされる米国科学アカデミーの会員に選ばれた。南部の研究の卓越性が広く認められた証しだ。1976年にはマイアミ大学理論研究センターからオッペンハイマー記念賞を与えられた。

こうした空気は敏感に〝母国〟の日本へ伝わった。日本は1978年に「物理学の発展や向上にめざましい功績を挙げた」として、南部に文化勲章を授与したのだ。

このとき、すでに南部は日本国籍を放棄し、米国人となっていた。文化勲章が日本人に限定されると定められているわけではない。しかし過去、文化勲章を受章した外国人は、人類初の月面着陸を果たした米国の宇宙飛行士だけだった。

南部が文化勲章を手にした背景には、ノーベル賞に手が届きそうなポジションについた南部への期待が日本全体にあったはずだ。日本では湯川、朝永に続いて1968年に川端康成、1973年に江崎玲於奈がノーベル賞を獲得していた。「次は南部」だった。

南部の畏友、久保亮五も強力に南部を文化勲章の候補に推薦してくれていた。久保は南部を推挙するに際して、南部が若い頃に久保に刺激されて始めた強磁性体のイジングモデルに関する業績をあげていた。

「ノーベル賞が視野に入った」と読んで、日本政府が南部に文化勲章を授けた判断は当たっていた。なぜなら翌1979年のノーベル物理学賞は、南部の理論を学んで電弱統一理論を完成させたワインバーグたち3人に与えられたからだ。

「私たちは恋愛結婚です」

1978年11月3日(文化の日)、南部夫妻は日本で催された文化勲章親授式(伝達式)に臨み、陽一郎は昭和天皇から勲章を授与された。その機会を捉えて、南部の地元の福井新聞は夫妻に対してインタビューを行った。

ただし、このインタビューの主役は智恵子だった。口数が少なくもの静かな陽一郎から読者受けする言葉を引き出すのは難しいとみたのか。それとも南部家ではたいていの場合、婦唱夫随であることが運び、また妻の智恵子が話し上手であることを事前に察知していたからなのか。福井新聞は「南部氏の夫人に聞く」と銘打った異例のインタビュー記事を11月8日から3日連続で掲載したのである。

そのときの新聞記事のヘッドラインを紹介しよう。

〈ふだんはステキな主人　私のよき教育者〉

〈私たちは恋愛結婚です　魅力は心の広さ〉

〈お固い学者も家庭では一変　子供に甘い父親〉

智恵子が夫や父親としての南部の魅力を存分に語った出色の読み物である。

夫人の発言からポイントとなる部分をいくつか引用してみよう。

「(陽一郎は) ひと口でいうと優しい男性ですわね。仕事中はオニのようなほど厳しく、うっかり近寄れない感じですが、不断はとてもすてきな主人です」

「家ではほとんど机に向かったりということはないです。その代わりそれこそ寝ても起きていても何か考えている感じです」

「厳しく真剣な顔つきを見てますと、私でも怖いほどのときがあります。寝ていてもフト気付くと、暗やみを凝視しているようなことがあり、それこそ仕事のオニのようだと思ったりします」

私たちは恋愛結婚です
文化勲章受章者 南部氏の夫人に聞く (中)
魅力は心の広さ
「ぼく、福井市民なんだ」

福井新聞は3日連続で夫人のインタビューを掲載した（提供／福井新聞社）

「子供といる時はよく遊びます。愛してるんですね。だから子供をしかる時はいつも私の役目。父親の威厳なんてないのですから困ってしまうわ。将来の進路にしても、まったく子供任せ。自主性を大切にしてますね」

1979年、南部は生まれ育った福井市から名誉市民の称号を与えられた。これより10年ほど前に日本国籍からやむなく離れた南部にとって、文化勲章や名誉市民の称号は日本との貴重な絆に思えたことだろう。

「お父さんはお休みで忙しい」

潤一や近所の子供たちと遊んでいる南部

智恵子が受けたインタビューでは陽一郎について意外な真実が語られていた。それは陽一郎が子煩悩である一方、家でも研究テーマに心を奪われ、鬼のような形相になる場面があったことだ。そして、そうしたただならぬ気配を時に感じとって成長したのが息子の潤一と健二だった。

上の写真は、シカゴ大学に移ってまもない頃の陽一郎が、潤一や近所の子供と遊んでいる様子だ。当時、陽一郎は子供たちから「ブーチャン」と呼ばれていた。陽一郎は大学から家に帰ると、しばしば横になっていることが多かった。そこで次男の健二は陽一郎に近づき「お父さん、遊んで下さい」と声をかけた。だが陽一郎はやんわりと拒絶した。「いま、お父さんはお休みで忙しい」。

陽一郎は寝っ転がってはいるが、このときは真剣な研究モード。日本の将棋の棋士が頭の中で盤上の駒を自在に動かし、勝ち筋を探るのと同じように、頭の中で物理や数学の数式を自在に動かしていた。関連のなさそうな分野の数式を頭の中で並べ、類似性から新しい切り口を見つけるのは南部の得意技である。

だが、そんな事情は小さな潤一や健二にはなかなかわからない。「お父さんは寝っ転がっているだけじゃないか」。あまりかまってくれない南部に子供たちは少し反発した。

ノーベル物理学賞を受賞して半年後の2009年5月、南部は大阪大学で講演したあとの質疑応答で、「新しいことを思いつくのはどのようなときか」と問われ、「四六時中考えてるからね。一番いいのは寝てるときです」と答えている。南部は寝ていても忙しい。夢で新しいアイデアがひらめくと、パッと目が覚める、という類いの人間だった。

父と子の距離感

何度か拒絶が続くと、潤一は自分の父親が普通の父親と少し違うことに気がついた。陽一郎が子供の頃、父親の吉郎は陽一郎が好きな『子供の科学』を買い与えた。だが陽一郎は父親として子供に少し淡泊だったのかもしれない。

陽一郎と潤一の距離は、陽一郎が潤一に積分記号（インテグラル）の説明をしてくれたときにもちょっぴり広がったらしい。陽一郎が説明下手だったせいなのか、潤一は積分記号がいかなるものか、よくわからなかった。

こうして潤一は、父親のあとを継ぐ気持ちを早々に失った。潤一は高校を卒業したあと、ニューヨークのクーパーユニオン大学に入り建築学を学んだ。シカゴからニューヨークはかなり遠く、南部家に戻ることも少なくなった。家族が集うはずのクリスマスに帰らない年もあった。

二人の中は決定的には壊れていない。しかし気の合った仲良し親子だったかというとそうともいえない。2018年に大阪市立大学の招きで来日した際、南部潤一は「正直いうと若い頃は仲はよくなかった」と語った。

しかし二人の距離は、人生の年輪を重ねるとともに次第に縮まった。陽一郎が晩年を迎えた頃、潤一は人前で「陽一郎を尊敬している」と口にするようになった、というから結果はオーライということなのだろう。

南部夫妻が文化勲章の受章で来日していた時期、潤一は建築家として自立し、次男の健二はシカゴ大学を卒業してコンピューター関連の仕事をしていた。南部家はこのとき、順風満帆だった。

小柴の文化勲章受章祝いに送ったファックス

南部が文化勲章を受章してから20年ほどあとのできごととなるのだが、同じ文化勲章にまつわるエピソードなのでここで書いておこう。小柴昌俊は1997年に文化勲章を授与された。その際、米国の南部が小柴あてにファックスで送ったユーモアたっぷりの文書がある。二人が１９６０年代に開通させたファックス・ラインを通じて送信された、お祝いの〝作品〟である。

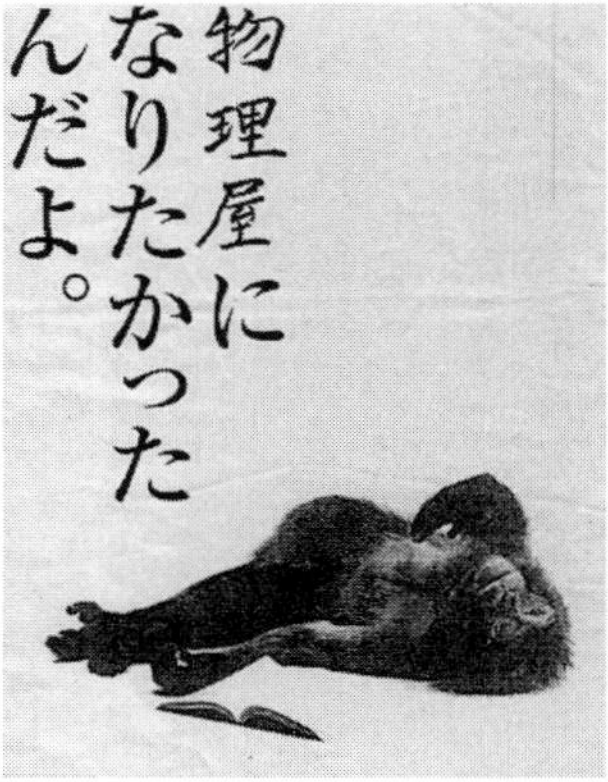

南部が小柴に送ったファックス

それがこれだ。寝そべった猿が「物理屋になりたかったんだよ」と空に向かってひとりごとのように夢を語っている。南部はきっと小柴に「君は立派な物理屋になった」と伝えたかったのだろう。

『日経サイエンス』誌の２００９年５月号によると、この文書の画像と科白《せりふ》には原作がある。絵の具などの絵画材料を製造販売するホルベイン工業が自社製品のＰＲのために『芸術新潮』に載せたもので、そのとき、猿の科白は「小説家になりたかったんだよ」だった。

そこでもう一度、文書を見ると「物理屋」の活字がほかの文字より少し小さいことがわかる。「小説家」の部分が「物理屋」に書き換えられたのだ。

このとき、南部は76歳。口数が少なく控え目で人の集まりに出るのもあまり好まず、新聞記者の取材を避けがちだった昔と比べて、冗談やユーモアを多く口にするようになっていた。

小柴は南部が送った「物理屋になりたかったんだよ」というキャッチコピーをとても気に入った。小柴が2002年にノーベル物理学賞を受賞してほどなく出した自伝風の書籍のタイトルはキャッチコピーをそのまま使った『物理屋になりたかったんだよ』。小柴は「物理屋になりたかったんだよ」と銘打った講演も引き受けた。

物理学科のチェアマンに

時を戻そう。南部は1974年、シカゴ大学物理学科のチェアマンに就任した。米国の大学のチェアマンは日本でいえば学科長や専攻長といったところ。主任と訳されることもある。南部はこれより少し前の1971年に、ディスティングイッシュト・プロフェッサー（特別主任教授）の名称を与えられていた。これは専門分野で優れた業績をあげた花形教官に与えられる名誉的な称号だった。

一方、チェアマンは人事権や教授たちの報酬を決める権限を有する。南部は物理学科のリーダーとして、大学の将来を担う優秀な人材の獲得を自分の任務と心得た。たとえば1940年代の早々、シカゴ大学は希代の物理学者エンリコ・フェルミをスカウトした。イタリアから米国に亡命しニューヨークのコロンビア大学に腰をおろしていたフェルミを、シカゴに招聘したのだ。

優秀な教官を集めれば、優秀な学生も自ずと集まり、大学は発展する。南部は努力を惜しまなかった。学科内でポストがあけば、かねて目をつけていた優秀な若手研究者をスカウトして学科の教官にすえた。

もっとも、本来が研究好きの南部に管理職はあまり向いていない。南部は別棟にあるチェアマンの部屋には必要なときだけ出向き、残りは自分の研究室で過ごす、というスタイルをとり続けた、という。チェアマンの任期は3年だった。南部は最低限の義務を果たすと、チェアマンのポストから離れ、研究の世界へと戻っていった。

益川と小林が「クォークは最低6種類」

南部がチェアマンを務めていた頃に飛び出したビッグニュースをいくつかみておこう。

まず日本の益川敏英と小林誠が1973年に「クォークは自然界に少なくとも6種類ある」と予測した論文を、日本の英文論文誌『プログレス』に発表した。タイトルは「くりこみ可能な弱い相互作用の理論におけるCP対称性の破れ」といった。

名古屋大学の坂田研究室で学んだ二人は、益川が小林の大学の先輩にあたる間柄。二人はそろって京大に移り、湯川研究室の直系の素粒子論研究室で助手を務めた。論文は基本的な枠組みができたあと、たった2~3ヵ月という短い期間で執筆された、と伝えられている。

ただし二人はクォークの種類にこだわっていたわけではない。そもそもの目的は、K中間子という中間子で「CP対称性の破れ」がなぜ起きるのか、その理由を理論的に解き明かすことだった。そこで小林と益川が主張したのが「もしクォークが3世代・6種類以上存在するならCP対称性の破れは起きうる」とする説だった。

現代ではクォークには3つの世代があることが判明している。第1世代はアップとダウン。第2世代はストレンジとチャームで、第3世代はボトムとトップ。ゲルマンが予測したのはアップとダウン、ストレンジの3つにすぎなかった。

小林誠（左）と益川敏英（右）

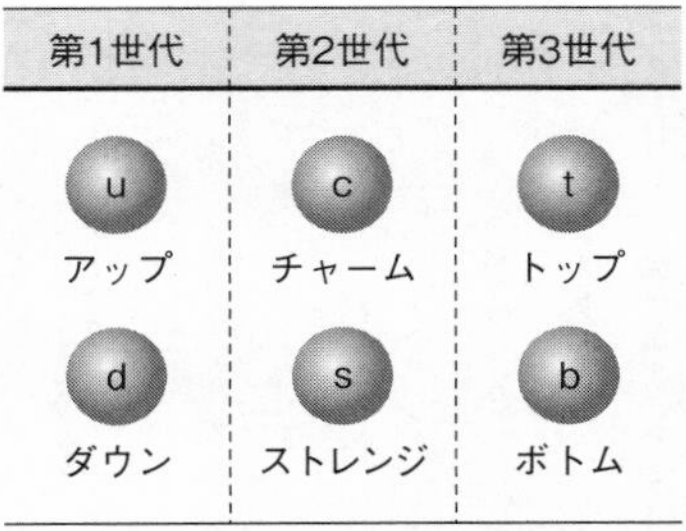

クォークは３つの「世代」に分類される

南部は、必要なら躊躇なく新粒子を登場させる益川たちのやり方を高く評価し、「非常に感銘を受けた」と絶賛した。彼もまた南部ゴールドストーン粒子に見るように、ためらいなく新粒子を理論に導入してきた研究者だったからだ。

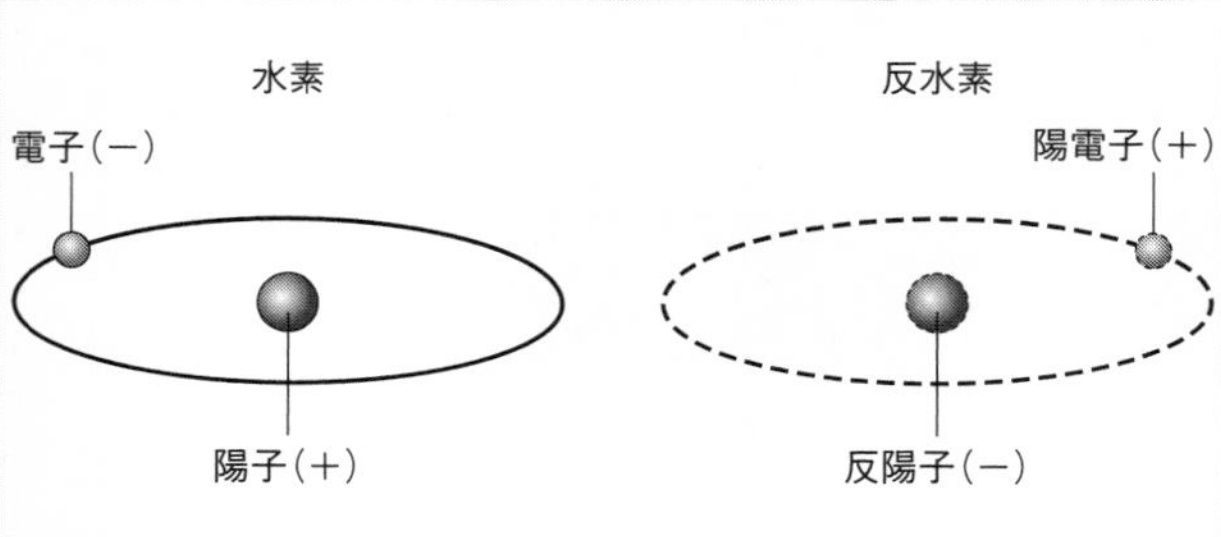

C対称性の例：水素と反水素
（図２点とも『現代素粒子物語』〔講談社ブルーバックス〕より）

C対称性、P対称性、CP対称性

物理学ことはじめ

C対称性は電荷に関する対称性で荷電対称性とも呼ばれる。最もわかりやすい例は、水素と反水素だ。水素では陽子の周りを電子が回っているのに対し、反水素では反陽子の周りを陽電子が回っている。反水素は水素を構成する粒子の電荷のプラスとマイナスをそっくり入れ替えた反物質だ。

だが粒子の符号が逆になったからといって、中心に位置する粒子とその周りを周回する粒子に働く物理法則には変化は起きない。プラスがマイナスになっても周回運動は続いていく。

P対称性は空間反転したり、鏡に映したりした際の対称性だ。右手を鏡に映したとしよう。すると鏡に見えるのは左右が入れ替わった左手の姿だ。しかし右と左を変換しても、日常の世界では物理法則に変化はみられない。

このように右と左を交換する操作をP変換と呼ぶ。そしてP変換を実施しても物理法則に変化がないとき「P対称性が保たれている」という。しかしその際、物理法則が同じにならなければ、P対称性が破れたことになる。P対称性のPはパリティ（parity, 偶奇性）という言葉の頭文字だ。

CP対称性は、C対称性とP対称性とが組み合わさった対称性だ。素粒子物理の研究者は「C」や「P」の、個々の対称性は破れるとしてもCP対称性は破れることはない、と信じ続けていた。だが1964年に中間子の一種、K中間子が崩壊するプロセスを観測する実験で、CP対称性にほころびが見える現象が突きとめられた。

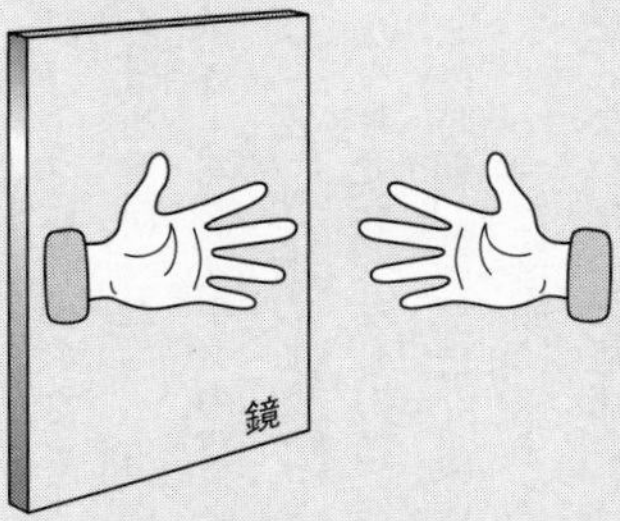

P対称性の例：右手と左手

「11月革命」でチャームクォーク出現

益川たちが新説を唱えた翌年の1974年にはマサチューセッツ工科大学とスタンフォード大学の2グループが同時に加速器実験で、J／ψ《ジェイ・プサイ》粒子と呼ばれる謎の新粒子を発見した。素粒子の分野で「11月革命」と語り継がれる大事件だ。

実験データをもとに作成したグラフには、新粒子の存在を示す天にも届かんばかりの鋭いピークが現れていた。こんな急峻なピークが現れたのは前代未聞。一報を耳にした南部は即座に、京都の知人の研究者たちに電報を打ったほどだった。

J／ψ粒子の正体はいったい何なのか。研究者たちが議論の果てにたどりついた結論は「新粒子はチャームクォークとその反粒子でできた中間子」だった。

チェアマンに就いたばかりの南部も、論争に加わり忙しいときを過ごした。「新粒子を構成するクォークは新種のクォークではなく、既存のクォークの色の励起ではないか」とみて独自の研究と分析を試みた。

チャームクォークの質量は、既知の3つのクォークよりケタ違いに大きかった。そのわけを南部は「色」に求めようとした。もし南部の推測が当たっていたら、素粒子物理学の景色は現代とはかなり変わったものになっていただろう。

この時期、南部は50歳代。昔と違って体力面で無理がきかず、高血圧や痛風、ヘルペス（疱疹）といった持病に悩まされるようになっていた。若さと健康が次第に失われ、管理職も務めねばならなくなった南部にとって、新しいテーマに目を光らせ、時代の流れについていくのはなかなか大変だったことだろう。それでも南部はまだ研究の一線で頑張っていた。

菅原と南部が手をさしのべた

益川と小林のその後の話を少ししておこう。二人が論文を海外の論文誌に投稿していなかったせいなのか、研究成果は海外の学界ではまったく話題にならなかった。彼らはほぼ無名のままだった。こんな二人に手をさしのべたのは、日本に戻り高エネルギー物理学研究所（現・高エネルギー加速器研究機構）の教授となっていた菅原寛孝と、のちに筑波大学で学長になる岩崎洋一だった。

岩崎は1975年頃、菅原にこんな相談をした。「二人が非常に面白い論文を書いているが、海外では論文は埋没している。関心を集める何かよい方法はないものか」と。

そこで菅原はまず、米スタンフォード大学で開催された国際会議に出席して、旧知の米国の研究者たちに益川らの成果をふれ回った。次はハワイ大学教授のS・パクバサと一緒に論文を書き、益川・小林理論の魅力をアピール。こうして二人の研究成果は、少しは欧米で知られるようになっていった。

南部も声援を惜しまなかった。1978年夏に日本で開催された高エネルギー物理学国際会議で締めくくりのサマリートークをまかされた南部は「益川・小林の説でいいのではないか」との見解を披露し、二人を感激させた。

南部をリスペクトしてやまない益川は、このあと折に触れて、「南部先生は日本が生んだ最高の物理学の巨匠。湯川先生や朝永先生以上だ」という見解を口にしている。

素粒子界のヨハネ

南部の心温まるエピソードを紹介して、この章を締めくくろう。

チェアマンの激務を終えた翌年の1977年のこと。同僚の教授ベンジャミン・リーが交通事故で他界した。突然の死で途方に暮れたのが、リーから論文指導を受けていた若い大学院生だった。「僕はいったい、どうやって論文を仕上げたらいいのだろう」。そのとき、「リーほど力はないけど、私でよかったら指導教授になりますよ」と手をさしのべた教官がいた。南部陽一郎だった。

南部に救われた大学院生の名前は、バート・オヴルットという。弱い力と電磁気力との相互作用に関する論文を書き上げて博士号を取得した彼は、博士論文の中で南部とリーの名前をあげて深謝を表明。南部はこの一件で「素粒子界のヨハネ」と呼ばれるようになった。オヴルットはその後、超弦理論の研究で名をはせ、ペンシルベニア大学の教授となった。

己の成果を派手派手しく外部にアピールするわけではない。謙虚で控えめでもの静か。それでいて同僚や学生からリスペクトを受ける。南部はいつでも優しい南部のままだった。

第7章　引用・参考文献

『素粒子論の発展』（南部陽一郎、岩波書店、２００９年）
『素粒子の宴』（南部陽一郎、Ｈ・Ｄ・ポリツァー、工作舎、１９７９年）
「ひも理論とは何か」（南部陽一郎『別冊日経サイエンス　素粒子論の一世紀』２００９年）
『クォーク』（南部陽一郎、講談社ブルーバックス、１９８１年）
「〝素粒子〟は粒子か？」（南部陽一郎、仁科記念講演会講演、１９８５年４月）
東レ科学振興会第36回（１９９５年）事業報告書
『ほがらかな探究　南部陽一郎』（福井新聞社、２００９年）
「追悼　久保亮五博士」（『日本物理学会誌』１９９５年第11号）
福井新聞１９７８年11月８‐10日付「あなたのひろば」
「南部さん、西島さんとの60年」（小柴昌俊『日経サイエンス』２００９年５月号）
「素粒子物理学変革期の南部先生」（吉村太彦『日本物理学会誌』２００９年第２号）
南部陽一郎インタビュー（米物理学会、２００４年）
「素粒子物理学の発展における南部、小林、益川３先生の功績」（菅原寛孝『日本物理学会誌』２００９年第２号）

第8章 「予言者」南部とノーベル賞

先見性と難解さが予言者の条件

日本から米国に渡って四半世紀が過ぎた頃、南部陽一郎は「予言者」という言葉がとてもよく似合う研究者となっていた。南部につけられた愛称はいくつかあるが、時の経過とともに、この言葉は南部の代名詞となっていった。

南部が予言者と呼ばれるのは、自発的対称性の破れの理論や量子色力学にみるように、学界を支配するアイデアを10年ほど前にいち早く考案しているせいだ。南部にはライバルをはるかにしのぐ先見性があった。だが南部がこう呼ばれたのにはもう一つわけがある。それは彼が唱えた理論が非常に難解だったことだ。

ただ難しいのではない。理解がしづらい素粒子物理の理論の中でも南部理論のわかりにくさは群を抜いていた。だから論文を発表した直後は、彼の理論に近寄ろうとする人はあまりいない。

しかし、しばらくすると一部の研究者が、南部理論をようやく理解し、平易な言葉でわかりやすく語るようになる。そうして、より多くの研究者が南部理論の重大性に気づき、南部理論は世界の学界で広く、深く認知されていく。

先見性と難解さ。南部は予言者と呼ばれるにふさわしい２つの条件を備えていた、といえるだろう。

南部とほぼ同じ時代を生きた米カリフォルニア大学バークレー校の理論物理学者ブルーノ・ズミノは「南部の研究はつねに我々より10年先んじている。そこであるとき、南部を理解すれば他人より10年先んじられる、と思いついた。しかし南部をやっと理解したと思ったらもう10年の時がたっていた」と絶妙な南部観を科学誌で披露している。

もっとも予言者と呼ばれた南部にも予測できないものがあった。ノーベル賞だ。南部理論を学んで電弱統一理論を完成させたワインバーグらがノーベル賞を受賞したとき、南部はノーベル賞に急接近したかに思われた。だが、それからどうしたことか、ノーベル物理学賞を選考するスウェーデン王立科学アカデミーは、南部とは縁がないテーマからノーベル賞を選び続けた。

こうして南部はノーベル賞からしばらく、いや長らくの間、遠ざかった。ノーベル賞は受賞のタイミングを外すと長い間、待たされる。この時代はそんな不愉快な事実を南部と周囲の人たちが思い知らされる時代ともなった。

アハラノフ・ボーム効果に挑む

1980年代が訪れシニアの年代に入っても南部の好奇心はなお盛んだった。体力の衰えは少々、感じていても、物理が好きな南部は新しい研究テーマを見つけては果敢に挑んでいった。その一つはアハラノフ・ボーム（AB）効果だった。素粒子物理と物性物理の両分野にまたがる重厚かつ難解なテーマだ。

ボームとはかつて南部が若い頃に魅せられたプラズマ理論の考案者であるデビッド・ボーム。アハラノフとは彼の弟子のヤキール・アハラノフで当時、英ブリストル大学の大学院生。二人は1959年に書いた論文で、量子力学の基礎方程式とされるシュレーディンガー方程式を解いて、AB効果を予測した。

AB効果とは、大づかみにいうと「電場や磁場を空間に閉じ込めていても、その近くを通過する電子のふるまいには影響が現れ、電子の波の形（位相）に変化が現れる」という不思議な現象だ。

次ページのイラストを見てほしい。コイルに電流が流れている。実際に実験をするときにはコイルの長さを十分に長くして、電流によって生じる磁場がコイルの外に影響を与えないようにする。

次にコイルの右と左でそれぞれ電子を走らせると、電子のふるまいに微妙な変化が現れる。コイルの外にしみ出した何ものかが電子の波の形（位相）を変化させ、電子波の干渉縞が現れるのだ。

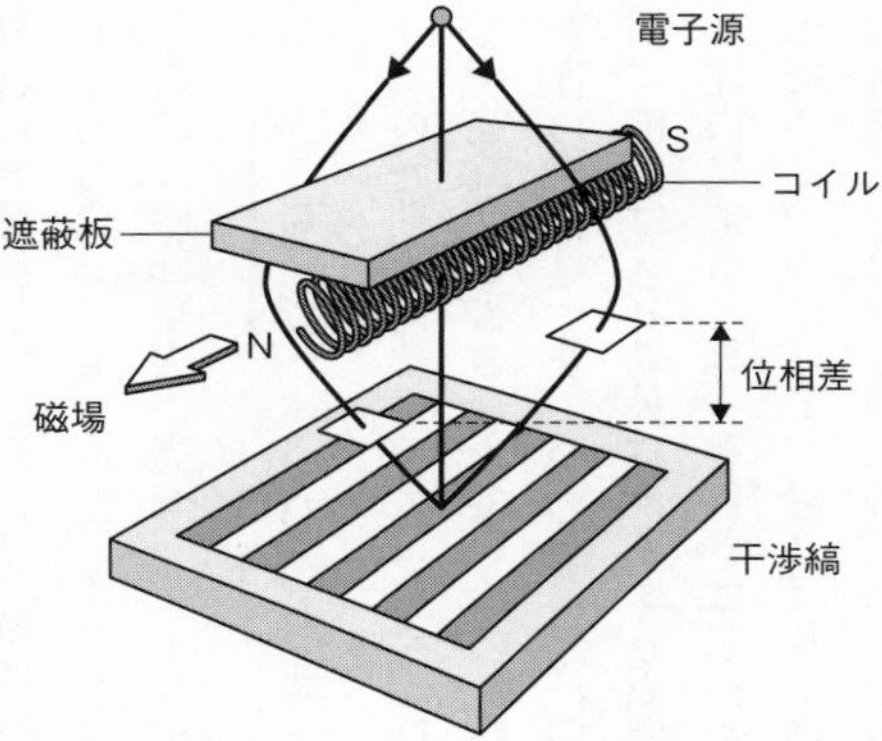

AB効果の概念図（外村彰の仁科記念講演資料より）

磁場はコイルの外には存在しない。しかし電子は、何かによって位相を変えられたのだ。では何が電子の位相を変えたのか。それは当初、物理的な実体はなく数学的な概念だとみられた「ベクトル・ポテンシャル」だった。南部が1950年代に関心を持ったゲージ理論で扱うゲージ場に深く関連した概念である。

磁場はコイルの外には漏れ出てこなくても、陰の支配者のゲージ場によってもたらされたベクトル・ポテンシャルが電子にただならぬ影響を与えていたのだった。

それからほぼ四半世紀後、AB効果の存在を実験で証明しようとする研究者が日本に現れた。日立製作所で電子顕微鏡と電子線フォログラフィーの研究に明け暮れた外村彰（とのむらあきら）だった。日立製作所は外村を自社のスター研究者と位置づけ、彼にノーベル賞をぜひとも受賞させようと、1983年に中央研究所でAB効果に焦点を当てた国際会議を開催。そこには南部や久保亮五、ゲージ理論を提唱したヤン・チェンニンらが招聘された。

南部と江口の幻の共同論文?

この時期、南部は東大に戻って助教授となっていた江口徹に声をかけ、AB効果について共同で研究論文を書き進めていた。江口が明かしてくれた意外な事実である。1980年代の南部の著作の中には、ゲージ理論や超伝導体などに混じってAB効果という言葉も登場する。この時期、南部はAB効果に小さからぬ関心を寄せていた。

江口によると論文を書きはじめた当初は、二人の問題意識は同じだった。だが難解なAB効果の扱いはやっかいで、論文は想定通り書き進められなくなった。そこでアイデア豊富な南部は、軌道修正をはかり当初の狙いとは少し違った方向の論文を書き上げると、これを二人の論文として学術誌に投稿しよう、と日本にいる江口に草稿を送った。

だが波乱が起きた。江口は南部の申し出に対し「論文の方向性が違うので、どうかお一人で論文を発表してください」と、非礼を承知で断ったというのだ。江口はこれから約10年後に、西島と一緒に汗を流して南部論文集を出版する。南部に対するリスペクトの念は失っていない。だが、闇雲には従属しないというのが江口流だった。

残念なことに二人が当初、どのような論文を書こうとしていて、論文の執筆途上でどのような意見の食い違いが生じたのか、はわからない。江口はそれらを語らずに2019年に他界した。

菅本の見た南部陽一郎

南部のもとには日本から将来ある若手の研究生が送られ続けていた。その一人が菅本晶夫（現・お茶の水女子大学名誉教授）だ。高エネルギー物理学研究所で助手をしていた1981年の秋に、菅原寛孝の推薦で南部のもとにやってきた。

菅本が見た南部邸はにぎやかだった。シカゴ大学でセミナーや国際学会があると、南部の自宅では客人をもてなす食事会が催され、そのつど、菅本たち若手も夫人の手料理のご相伴にあずかった。

菅本の目には、上背があり目鼻立ちがくっきりしている智恵子夫人は宝塚歌劇のスターのような女性に見えた。また菅本も、夫人が南部を「陽ちゃん」と呼ぶのをしかと聞いた。

菅本によると、日本から小柴昌俊と早川幸男が一緒に南部邸にやってきた際、パーティーは大変な盛り上がりを見せた。宴たけなわになったとき、小柴が上半身裸になってしまった、というのである。

菅本は、南部のそばにいて南部が大物研究者と議論しているのを聞くのがとても楽しかった。南部詣での客人がいない日は、南部が若手を大学の食堂に連れていったり、芝生の上で車座になってサンドイッチを食べたりした。ただし菅本は南部と一対一で向かい合うのは避けがちだった。南部というアカデミックの権威は、彼にとって畏怖する存在だったからだ。

いつのことか、米国から戻っていた南部も参加した素粒子物理分野の会合が日本で催された日のこと。一行が泊まった旅館で問題が持ち上がった。二人部屋しかないこの旅館で、誰が南部と同じ部屋に泊まるかで少しもめたのだ。

菅本夫妻と南部夫妻
(2002年8月、シカゴの南部邸玄関で)

結局、南部と同室となる役割を引き受けたのは、一行の中で南部と年齢が近い原康夫だったという。南部のささやかなカリスマ性を示すエピソードだ。

菅本は1982年のクリスマスの夜、南部にわずかばかりの返礼をした。研究室の若手4人で南部を市内のミニツアーに招待したのだ。ツアーは、まずダウンタウンのレストランで食事をし、それから馬車でシカゴ市内を一回りした。南部はとても喜んでくれた。菅本は20年後の20

02年には妻と中学生の娘を連れてシカゴの南部夫妻を訪問し、旧交を温めた。

江口の愛弟子の大栗が南部研に

南部が定年に達する直前の1989年には、江口徹の愛弟子の大栗博司がやってきた。東大からプリンストン高等研究所を経由してシカゴ大学の南部研究室に入った大栗は、いきなり助教授の地位を与えられた。

南部がプリンストンからシカゴ大学にきたときは、ただのポスドクだった。それと比べると、南部が大栗の才能をいかに高く買っていたかがよくわかる。

大栗はのちに科学雑誌の『日経サイエンス』誌に寄稿し、科学史に名を刻んだ理論物理学者について、独自の分類を披露している。それによると偉大な理論物理学者には賢者、曲芸師、魔法使いの3種類がある。賢者型の研究者は明確な問題意識を持ち、論理的に前へ進んでいく。曲芸師タイプは、誰も考えそうにない斬新な視点で、急峻な山を軽々と登っていく。

賢者型の典型はゲルマンであり、曲芸師型の代表はファインマンだ。これに対し、魔法使いはごくまれにしか現れない。魔法使いは時代を超越しているので並の研究者にはすぐに理解できない。論文を読んでも、なぜそうしたアイデアを思いついたのか見当がつかない。

そして大栗は南部陽一郎こそ、20世紀を代表する魔法使いだという。時代を超える先見性。とてつもない論文の難解さ。魔法使いは、しばしば南部に使われる予言者と大いに通じる愛称といえるだろう。ついでに書いておくと南部の愛称には「宇宙人」というものもあった。自由奔放に話題を変えていく南部のトークや文章の変転の速さについていけない弟子たちが、南部に献上したいささか失礼な愛称である。

悲しみのできごと

つらいできごとにも触れておかねばならない。大きな悲しみの一つは、福井で暮らしていた両親が他界したことだった。ベッドに横たわるようになった父親の吉郎を、南部が福井に見舞いに行ったときのこと。「横になってばかりいないで、少しは歩かないとダメだよ」と声をかけると、吉郎は「俺が立ち上がれないのは、周りに重力異常が生じているせいだ」と言い返した。世界的な物理学者に成長した息子に対しても、負けない元気を見せてくれた、父親の心遣いを南部はありがたく思った。

この頃は南部自身もかなり年齢を重ねていたのだから両親は人生をまっとうしたといえるかもしれない。しかし、次男の健二が若くして逝ってしまったのは、南部と妻の智恵子にとって耐えがたく、こらえきれない事件だった。

健二は、シカゴ大を卒業した点では、長男の潤一より、陽一郎の〝近く〟にいた息子だった。

智恵子はかつて福井新聞とのインタビューで、家族全員でドライブに出かけ、おもちゃのロケットを陽一郎や子供たちが夢中で追いかける様子を楽しそうに語っていた。そんなかけがえのない息子をなくした夫婦はいかほどの衝撃を受けたことだろうか。

南部は２００４年に米物理学会から受けたインタビューで「１９８０年代は私にとってとても恐ろしい時代でした。私の両親と息子が亡くなったからでした」と心境を語っている。

この時期、長男の潤一は30歳代。南部家から離れて生活していた。客人をもてなすホームパーティーを開いているときは、南部邸はにぎやかだった。しかし客人が去ると、夫婦だけの家の中は急にひっそりとなった。

70歳で定年、シカゴ大の名誉教授に

理論物理学のエースとしてシカゴ大学に貢献しつづけた南部は、１９９１年に70歳の定年に達し、教授職を離れて名誉教授に就いた。大学は南部に、少し狭くなったが一室を提供して厚く遇しつづけた。

この時期の南部を訪ねてきたのが、シカゴ大学で開催されるセミナーで講演をするために日本からやってきた坂東昌子だった。次ページの写真は坂東が研究室で南部と談笑している光景だ。

このときの坂東は忙しかった。セミナーで専門の素粒子理論について語るか、それとも、近

年、研究を始めた交通流《こうつうりゅう》を講演テーマとするか迷っていたのだ。事務局に相談すると「では両方やられてはどうですか」と頼まれ、急にあわただしくなった。南部との再会はそうしたさなかのできごとだった。

坂東が好奇心をそそいだ交通流とは、高速道路で発生する自然渋滞を物理学の相転移現象とみて、ミクロな車の挙動から説明してみようという試みだった。

相転移とは水（液体）が温められて蒸発し水蒸気（気体）になったり、逆に冷やされて氷（固体）になったりするなど、物質の状態（相）が変わる現象。南部の自発的対称性の破れの理論は、相転移をより普遍的な物理法則としたもので、南部と坂東の問題意識には相転移という共通点があった。

1994年に、南部をシカゴ大学に訪ねた坂東昌子

坂東は交通流をセミナーで語る際、交通流のシミュレーション実験を録画したビデオを使うことにした。そのアイデアを語ると、南部はひょいと立ち上がって部屋から出ると地下室においてあったビデオデッキを運んできてくれた。

南部が日本に戻ったときに立ち寄った京大で、坂東が教えた学生たちは、気楽に南部を「南部さん」と呼んだ。だが南部を敬愛してやなまい坂東は「私なんか南部先生としか呼べない」という世代だ。坂東はビデオデッキを運んでくれた南部に恐縮しきりだった。気さくで優しい南部は腰も軽かった。南部は名誉教授となってもほぼ毎日、研究室に足を運んでいた、という。

阪大の招へい教授に

時間に余裕ができた南部を放っておかなかったのが、日本の大阪大学だった。阪大は１９９０年代に入ると、南部を招へい教授として米国から招くようになった。阪大理学部が立地する大阪府豊中市には智恵子の実家があり、南部夫妻は新婚の頃、ここで暮らした。阪大から見て南部は十分に「地元」人だ。南部にとっても阪大は、戦前の軍人時代に知りあった研究者が多い、縁の濃い大学だった。

ましてかつて湯川秀樹が在籍した阪大は、素粒子物理学の研究に熱意を注いできた大学でもあった。阪大の関係者は、ここはぜひとも南部と深い絆を結びたい、と思ったことだろう。誘われた南部は、これを機に残りの人生のいくばくかを豊中で過ごすと決めた。

それまでも里帰りすることが多かった妻の智恵子の日本への思いは年々、強まっていた。また南部自身も軽い脳卒中を患ったり、高血圧で悩まされたりしたせいで、故郷の日本をなつかしく思う気持ちが少なからず芽生えはじめていた。

日本では菅原寛孝が1989年に、素粒子物理研究で日本をリードする高エネルギー物理学研究所の所長に就いていた。江口徹は1991年に、東大の教授となっていた。南部は日本で彼らと物理トークをするのが楽しみだった。

1980年代も続いた賞賛

時計の針を少し戻そう。南部への賞賛の声は1980年代も続いた。1982年に南部は、米国家科学賞を受賞した。米大統領が科学・工学の世界で貢献した米国市民に授与する賞である。2年後の1984年には、日本学士院客員になった。こちらは日本の学術に特別に功があった外国人研究者に与えられる称号。南部は日米の両政府から相次ぎ功績を讃えられたことになる。

その後も受賞はなお続いた。1985年にはドイツ物理学会が、マックス・プランクメダルを南部に授与、1986年になるとディラック賞を獲得した。受賞理由はいずれも「素粒子物理分野における先駆的貢献」である。

南部はそれまで希薄だった、科学ジャーナリズムなど学術の〝外〟の世界とのかかわりも持つようになった。1981年には講談社から『クォーク　素粒子物理の最前線』と題した一般の読者向けの解説書を出版した。これに先駆けて1979年には、友人のポリツァーとの対談を収録した『素粒子の宴』が工作舎から刊行された。どちらも名著として現代まで読み継がれている書籍である。

１９８５年に日本に帰国した際には、仁科記念財団と東北大学が催した講演会で「〝素粒子〟は粒子か?」と題して講演した。当時の仁科財団の理事長は南部の親友の久保亮五だった。

南部を助けた仲間たち

しかし周囲の期待とは裏腹に南部は、ノーベル賞からだんだん遠ざかっているように見えた。スウェーデン王立科学アカデミーが、南部の功績が大きな素粒子の質量や強い力以外のテーマに、ノーベル賞を授与する傾向が強まったためだ。

ノーベル物理学賞はおおむね素粒子物理、物性物理、宇宙の三大分野から選ばれる。１９８０年代もこの傾向に変わりはなく、素粒子物理の分野からも３つのノーベル賞が選ばれている。ただし研究テーマは「K中間子崩壊におけるCP対称性の破れ」「弱い力を伝えるW粒子とZ粒子の発見」「ミューニュートリノの発見によるレプトンの二重構造の実証」と、どれも具体性に富むものだ。

王立科学アカデミーは、物理学の起源に迫り普遍性も高い半面、抽象的でわかりにくい南部理論より、個別・具体的で成果をわかりやすく説明できるこれら３つの研究テーマを選択していた。

このように南部は、1990年代に入っても、スウェーデンの王立科学アカデミーからスルーされ続けた。もっとも何度も〝不条理〟を経験すると、本人にはそれなりの心構えができた。ノーベル賞は取れるものなら取ってはみたい。しかし一過性のお祭りのようなノーベル賞より大切なのは、研究者の仲間うちでの評価・評判・リスペクトだ——当時の南部はこんな境地に近づきつつあった。

だが家族はそうはいかない。長男の潤一によると、智恵子はノーベル物理学賞の発表日に他の研究者の名前が報じられるたび、「なぜ、こんなつまらない研究をした人がノーベル賞をもらえるの」と、不愉快さを隠そうとしなかった。

智恵子は南部邸を訪れた客人をもてなす際、彼らから幾人もの研究者の評判を耳にしていた。だから夫の南部より優れた成果を上げたとは言いがたい人物がノーベル賞を受賞した、と聞くと我慢がならなくなった。智恵子は感情豊かな人である。

智恵子がこれほど不満を抱いたのだから、南部の業績と学界の評価をよく知る江口徹と西島和彦の危機感はもっと大きかっただろう。振り返れば南部の最高傑作、自発的対称性の破れの理論は発表の段階から悔いと波乱に満ちていた。研究論文の発表では英国のゴールドストーンに先行され、対称性が破れて発生する粒子は一時、ゴールドストーン粒子とさえ呼ばれた。

南部をよく知る素粒子物理の研究者なら、この研究が南部にオリジナリティがあることをよく知っている。しかし同じ物理学者でも専門が異なれば、南部が先駆者であることを知る者は少なくなる。だから江口と西島の二人は、意を決して、南部陽一郎論文選集をつくりはじめたのだ。

米国の物理学者ロバート・マーシャクも、助け船を出してくれた。南部の研究成果はキエフで１９５９年に開催された高エネルギー物理学国際会議の会議録に記載されている、と講演で指摘してくれた。１９８５年のことだった。

マーシャクは米物理学会の会長も務めた人物だ。信頼に足る研究者の指摘が、南部の優越性を裏打ちする強力なエビデンスとなったことはいうまでもない。南部は何人もの仲間に愛されていた。

南部に暖かい風が吹いてきた

こうして暖かい風が吹き、学界の南部への注目が少し回復したかに思えたのは１９９０年代の末期だっただろうか。

１９９９年にノーベル物理学賞を受賞したオランダのフェルトマンとトホーフトは、南部の自発的対称性の破れの理論から生まれた電弱統一理論が、くりこみ可能であることを実証した師弟コンビだった。

さらに2004年には、もっと多くの研究者が南部を思い出すことになった。この年のノーベル物理学賞を受賞したポリツァーたち3人の研究テーマである漸近的自由性は、南部が創始した量子色力学に深くかかわるものだったからだ。

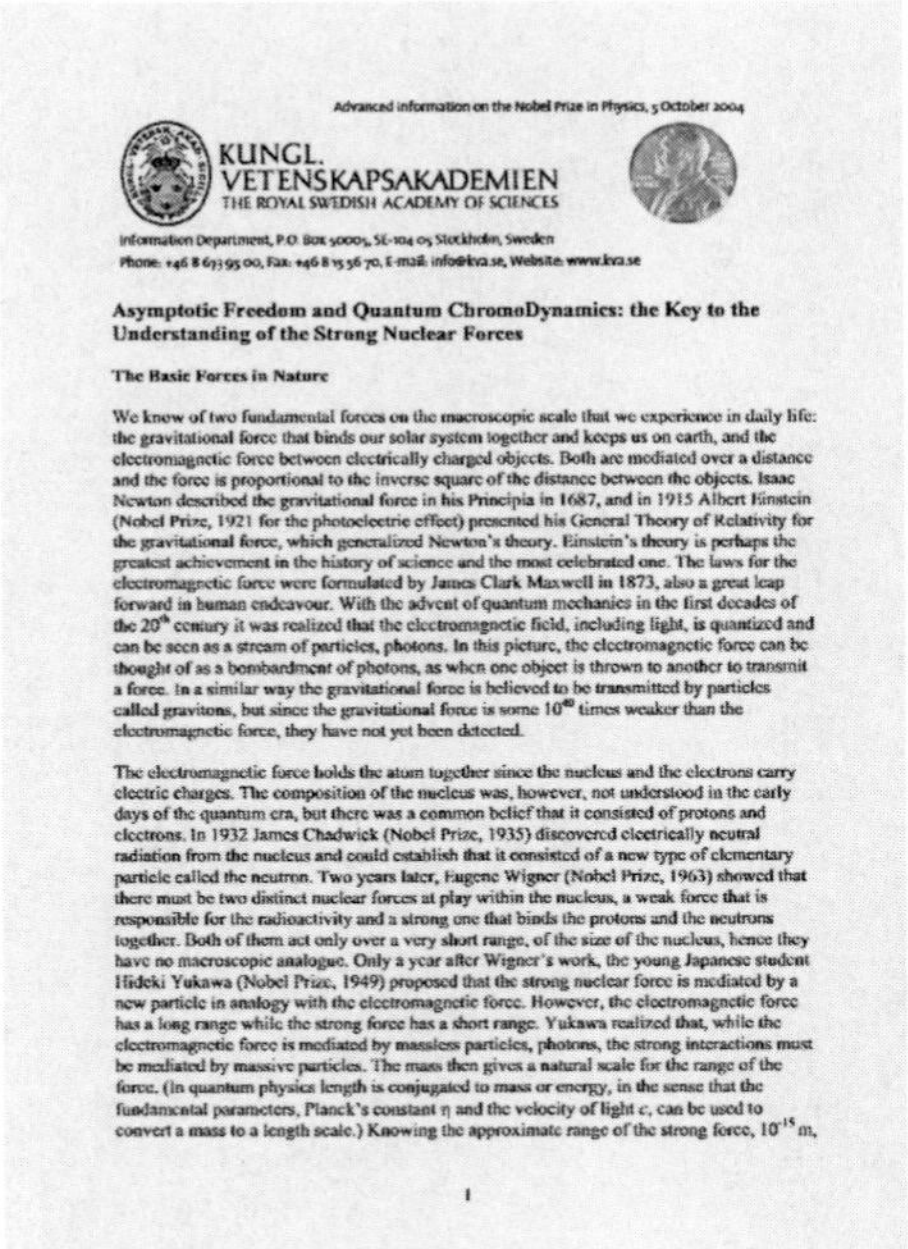

Advanced information on the Nobel Prize in Physics, 5 October 2004

KUNGL.
VETENSKAPSAKADEMIEN
THE ROYAL SWEDISH ACADEMY OF SCIENCES

Information Department, P.O. Box 50005, SE-104 05 Stockholm, Sweden
Phone: +46 8 673 95 00, Fax: +46 8 15 56 70, E-mail: info@kva.se, Website: www.kva.se

Asymptotic Freedom and Quantum ChromoDynamics: the Key to the Understanding of the Strong Nuclear Forces

The Basic Forces in Nature

We know of two fundamental forces on the macroscopic scale that we experience in daily life: the gravitational force that binds our solar system together and keeps us on earth, and the electromagnetic force between electrically charged objects. Both are mediated over a distance and the force is proportional to the inverse square of the distance between the objects. Isaac Newton described the gravitational force in his Principia in 1687, and in 1915 Albert Einstein (Nobel Prize, 1921 for the photoelectric effect) presented his General Theory of Relativity for the gravitational force, which generalized Newton's theory. Einstein's theory is perhaps the greatest achievement in the history of science and the most celebrated one. The laws for the electromagnetic force were formulated by James Clark Maxwell in 1873, also a great leap forward in human endeavour. With the advent of quantum mechanics in the first decades of the 20th century it was realized that the electromagnetic field, including light, is quantized and can be seen as a stream of particles, photons. In this picture, the electromagnetic force can be thought of as a bombardment of photons, as when one object is thrown to another to transmit a force. In a similar way the gravitational force is believed to be transmitted by particles called gravitons, but since the gravitational force is some 10^{40} times weaker than the electromagnetic force, they have not yet been detected.

The electromagnetic force holds the atom together since the nucleus and the electrons carry electric charges. The composition of the nucleus was, however, not understood in the early days of the quantum era, but there was a common belief that it consisted of protons and electrons. In 1932 James Chadwick (Nobel Prize, 1935) discovered electrically neutral radiation from the nucleus and could establish that it consisted of a new type of elementary particle called the neutron. Two years later, Eugene Wigner (Nobel Prize, 1963) showed that there must be two distinct nuclear forces at play within the nucleus, a weak force that is responsible for the radioactivity and a strong one that binds the protons and the neutrons together. Both of them act only over a very short range, of the size of the nucleus, hence they have no macroscopic analogue. Only a year after Wigner's work, the young Japanese student Hideki Yukawa (Nobel Prize, 1949) proposed that the strong nuclear force is mediated by a new particle in analogy with the electromagnetic force. However, the electromagnetic force has a long range while the strong force has a short range. Yukawa realized that, while the electromagnetic force is mediated by massless particles, photons, the strong interactions must be mediated by massive particles. The mass then gives a natural scale for the range of the force. (In quantum physics length is conjugated to mass or energy, in the sense that the fundamental parameters, Planck's constant η and the velocity of light c, can be used to convert a mass to a length scale.) Knowing the approximate range of the strong force, 10^{-15} m,

1

南部の名前が何度も現れた2004年ノーベル物理学賞の公式発表文

この際、あらためてスウェーデン王立科学アカデミーは、南部に大いなる敬意を表した。「ノーベル物理学賞の詳細情報（アドバンスト・インフォメーション）」と題した公式発表文の中で、自発的対称性の破れから量子色力学にいたるまでの一連の業績を列挙して「南部の理論は正しい理論の詳細をすべて備えていたが、それはあまりにも早すぎた」と釈明じみた異例の言及をしたのだ。

いや言及という軽い言葉では、説明が足りないかもしれない。当時の発表文をあらためて眺めてみると、文書は全文の長さが14ページ。南部に関する記述は２ページに及び、「南部（Nambu）」の名前は10回ほども登場していた。南部の研究は10年先を見通している、としばしばいわれる。その根拠となったのが王立科学アカデミーのこのコメントである。

ヒッグス粒子狙う加速器稼働が追い風に

ここからしばらくは著者の主観がにじみ出ることをお許しいただきたい。南部と縁が濃い研究にノーベル賞が一度ならず与えられると、スウェーデン王立科学アカデミーの内外では、これまで南部本人がノーベル賞を受賞していないのはいかなることか、との問題意識や疑問が高まったことだろう。

過去に与えるべき人にノーベル賞を授けなかった失敗は少なからずある。ノーベル賞を与えたが、のちに研究内容に誤りがあった、という事例もある。たいていの場合、この種の過ちは「済んだこと」としてかたづければ済むし、そう対処してきた。

だが南部に関しては、スウェーデン王立科学アカデミーには過去にならって、スルーしつづけることができない事情があった。欧州で、ヒッグス粒子の発見を狙う巨大加速器ＬＨＣの稼働が２００８年へと迫っていたことだった。

「質量の起源」と呼ばれることもあるヒッグス粒子は、南部の自発的対称性の破れの理論を学んだヒッグスらの理論によって存在が予測された粒子だ。だからＬＨＣが稼働してヒッグス粒子が発見されたら、ヒッグス粒子の存在を提唱した研究者だけでなく、南部にもほぼ確実にスポットライトがあたる。

もし、その際にもまた南部を無視すれば、王立科学アカデミーは大いなる批判・非難を受けかねない。南部理論の派生物であるヒッグス機構の研究者にノーベル賞を与えて、南部に賞を授けないのはあまりにバランスが悪い。しかも、公式発表文で南部を賞賛する手法はもう２００４年に使ってしまっていた。

逃げても逃げても迫ってくる南部の影。どうして過去にノーベル賞の選考にあたったメンバーは、南部にノーベル賞を与えておかなかったのか、と王立科学アカデミーの面々は先人たちを心の中で非難したかもしれない。

誰よりも早く、質量と力の根源に迫った南部の成果に、もはや知らん顔をしつづけることは許されない。南部に賞を与えれば、「授賞が遅すぎる」と世界の良心的な研究者からクレームをつけられる。それでも、南部に賞を与えない汚名を着せられるよりは、はるかにましだ――。

ノーベル物理学賞の選考委員たちの脳裏には、きっとこのような反省と打算がよぎったことだろう。こうして王立科学アカデミーは舵を切った。彼らは南部にノーベル賞を与えるタイミングを探りはじめた。たまたま南部に追い風が吹いたとはいわない。追い風を吹かせたのは南部自身だった。

益川、小林と共同受賞

欧州で巨大粒子加速器ＬＨＣが稼働し、陽子ビームを一周させる「ファースト・ビーム」を達成してからほぼ1ヵ月後の２００８年10月7日、火曜日。機は熟し、ノーベル物理学賞の発表日がめぐってきた。

日本時間での午後7時15分頃、スウェーデン王立科学アカデミーが発表したノーベル物理学賞の受賞者の顔ぶれを聞いて、日本は歓喜に沸いた。受賞者に南部陽一郎、益川敏英、小林誠の３人がズラリと並んだのだ。

南部が米国籍なので言葉遣いはいささかギクシャクするのだが、日本出身者３人が同時にノーベル賞を受賞するのは史上初めてのできごと。賞金1000万スウェーデンクローナの半分は南部に与えられ、残りの半分は益川と小林に均等に分け与えられた。

3人が受賞した翌8日には、ボストン大学名誉教授の下村脩《おさむ》がノーベル化学賞を獲得し、喜びの輪はもっと広がった。長年にわたって礼を失しつづけた南部に対していかに謝意を示し〝償う〟か。スウェーデン王立科学アカデミーは心を痛め悩んだ末に、このような日本への大盤振舞いで応えたのだった。南部は87歳になっていた。

ノーベル賞の発表資料には、江口と西島が汗を流して編纂した南部論文選集でしか見ることができない論文がきちんと引用されていた。南部論文選集を出版した彼らの努力は確かに報われた。

南部と、益川・小林の受賞理由には「対称性の破れ」という言葉がどちらにも含まれていた。しかし実のところ、南部の研究と益川・小林の研究には、直接のつながりはない。そうであっても、3人をひとまとめにしてノーベル賞を与えてしまったところに、王立科学アカデミーの切迫した事情が透けてみえた。

米シカゴの南部邸には、発表より少し前の午前5時頃に、王立科学アカデミー・ノーベル委員会が受賞を知らせる国際電話をかけてきた。祝福のモーニングコールだ。まず「これから重要な連絡がある」と事務官が告げると、人が代わり、ノーベル賞の選考委員が厳粛に受賞を告げる。

しかしシカゴ大学では、ノーベル賞の祝福コールは要注意とされていた。このときを狙って受賞待ちの研究者に、ノーベル委員会を騙る不逞の輩がウソの電話をかけてくる事件が何度も起きていたからだ。当時、ノーベル賞受賞者を80人ほども輩出していた超一流のシカゴ大学ならではの、笑うに笑えぬ事件である。

南部も偽電話の噂は何度か耳にしていた。だから電話で受賞を知らされて、「ありがとう。光栄です」と一応、型通りの返事をし、智恵子にも「ノーベル賞だよ」と伝えたものの、彼女は「冗談でしょう」と半信半疑の状態だったらしい。

南部夫妻の表情が緩んだのは、ヨーロッパからの電話を受けてから30分ほどがたった頃だったろうか。あちらこちらの知人、友人からお祝いの電話がたて続けにかかってきたのだ。インド人の弟子からの電話もあった。ウソではない。南部は確かにノーベル賞を受賞したのだった。

「南部の受賞は遅すぎた」

南部から喜びの声をとろうとするマスコミの電話もひっきりなしにかかってきた。南部邸にやってきた記者もいた。南部本人は受賞には淡泊な様子で「毎年のことなので今年もとくに期待していなかった。（受賞は）ないと思っていたのでとても驚いた」と、そつのないコメントを口にしていた。

ノーベル賞受賞翌日の南部夫妻（提供／朝日新聞社）

もっとも南部が達観の域に達していたか、というとそうでもなく、ある研究者によると、ノーベル賞の発表時期が近づくと南部はゆくえをくらますこともあった。

一方、妻の智恵子は少し感情を高ぶらせていた。長男の潤一によると、喜びながらも「なんでこんなに長くかかったの」「いい年になるまで待たされて」と、家の中では不満を口にしていた、という。南部がノーベル賞受賞テーマとなった自発的対称性の破れに関する論文を発表したのは１９６１年。南部も智恵子もそれから50年近くも待たされ続けたのだから、無理からぬことだろう。

南部夫妻の思いをよそに、祝福の電話は鳴り続けた。日本からは小柴昌俊が電話をかけてきて「南部さん、ずいぶん遅くなったけど、生きているうちに（ノーベル賞が）出てよかったね」と声をかけてくれた。旧友のズケズケとして率直なお祝いに、南部は心置きなく笑った。小柴は南部より早く２００２年にノーベル物理学賞を受賞していた。

日本のマスコミは受賞を喜ぶとともに、「南部の受賞は遅すぎた」と一斉に批判の声をあげた。王立科学アカデミーが予期し心配していた通りの反応だった。なかには「何十年も前に受賞しておかしくなかった」とあけすけに落ち度を指摘した小柴のコメントを、紙面に掲載した新聞もあった。

夜が明けると南部は、シカゴ大学が設定した記者会見に出るため大学へと徒歩で向かった。定年退官して名誉教授となったあとも、週に1～2回は通った慣れ親しんだ道だ。記者やカメラマンの群れが、南部を囲みながらついてきた。

会見では喜びの気持ちをあらためて聞かれ、さらに「自発的対称性の破れとは何か」とも問われた。研究テーマがいかなるものかを聞かれるのはノーベル賞受賞会見の通過儀礼だった。

南部は一般向けに自分の理論をやさしく語ろうと気遣いをするタイプではない。だが、このときは、身振り手振りも交えて「ばらばらにあちらこちらを向いていた大勢の人が何かの弾みで、群集心理が働き一斉に同じ方向を向くようなものだ」といった例え話を語り、笑いを誘う場面もあった。

南部には米シカゴ大学でノーベル賞のメダルが贈られた

ノーベル賞授賞式は欠席

12月10日午後、米シカゴ大学で、南部に対してノーベル物理学賞贈呈式が行われた。南部はスウェーデンで開催されるノーベル賞授賞式を妻の体調不良と自分の体力の問題を理由に欠席。シカゴ大学での式典はその代わりとなるものだった。会場には、父の晴れ姿を見守る長男の潤一の姿もあった。

南部は、体の具合がすぐれぬ智恵子をおいて出かけねばならぬほどの価値をノーベル賞の式典に見いだせなかった。ノーベル賞関連行事は1週間あまりも延々と続く。しかし南部には、スウェーデンに出かけてそのどんちゃん騒ぎにつきあう体力が自分にあるとも思えなかった。現地での受賞講演は、南部に代わってジョヴァンニ・ヨナ・ラシニオがやってくれた。

1965年にノーベル賞を受賞した朝永振一郎は、授賞式を肋骨の骨折で欠席している。尊敬する先達の前例があったことも南部がさほど心を痛めずに欠席できた理由だったかもしれない。

益川らの受賞の陰に菅原の尽力

本章を終えるにあたって、もう一つエピソードをお知らせしよう。益川と小林が南部と〝同席〟する形でノーベル賞を受賞した背景には、高エネルギー加速器研究機構が強力に推し進めた「Bファクトリー計画」の成功があった。

益川らにとって、1994年にトップクォークが米国のフェルミ国立加速器研究所でようやく発見された、とのニュースは大いなる朗報だった。1977年にボトムクォークが発見されてから十数年。トップの登場でクォークは6種類が出そろい、「クォークは自然界に少なくとも6種類ある」とする二人の学説は裏づけられた。

しかし、より強力な証拠を求め、大規模なBファクトリー計画を推進していた男がいた。当時、高エネルギー加速器研究機構のトップに就いていた菅原寛孝だった。BファクトリーのBはB中間子の頭文字。プロジェクトは益川・小林の主張が正しければB中間子で必ず起きるはずのCP対称性の破れを観測するのが目的だった。

ふりかえってみよう。二人のそもそもの研究対象は、CP対称性の破れだった。CP対称性の

ノーベル賞授賞式レセプションで、左から菅原、益川、小林、ハワイ大学のＳ・パクバサ

破れは１９６４年にＫ中間子で発見されている。

しかしＢ中間子ではもっと大きな対称性の破れが見られるはずだった。高エネ研は巨費を投じて電子・陽電子衝突加速器「ＫＥＫＢ」を新たに建設。新鋭の加速器は20世紀末頃に本格稼働して貴重なデータを叩き出し、益川と小林の学説は完璧に証明された。日本生まれの理論が日本の加速器で証明された、あざやかなできごとだった。

少々、強引ではあるが南部と益川・小林を一挙に受賞させる、という知恵がスウェーデンの王立科学アカデミーに芽生えたのは、Ｂファクトリーの成功に彼らが気づいた頃からだろう。南部にとってもこの機会を逃したら、年齢の面で「次」はなかった可能性は否定できない。その点で、益川・小林という無名の二人の研究成果を世界に売り込み、彼らをノーベル賞候補に〝育てた〟菅原は、南部受賞に貢献した陰の功労者だった、といえるかもしれない。

「南部先生が成し遂げたこと」（大栗博司『日経サイエンス』２０１５年10月号）
「外村彰：ゲージ場の証拠を撮る」（古田彩『日経サイエンス』２０１１年11月号）
南部陽一郎インタビュー（米物理学会、２００４年）
『数理科学』２０１０年９月号（南部陽一郎特集号）
『素粒子論の発展』（南部陽一郎、岩波書店、２００９年）
Advanced information on the Nobel Prize in Physics, 5 October 2004 (https：//www.nobelprize.org/uploads/2018/06/advanced-physicsprize2004.pdf)
朝日新聞デジタル２００８年10月７日「29歳で教授、87歳なお最前線　ノーベル賞南部氏」
「私の理論を理解できなかったアインシュタイン」（南部陽一郎『月刊現代』２００９年１月号）
朝日新聞デジタル２００８年10月８日「３博士の朝、涙あり笑いあり」
朝日新聞デジタル２００８年12月11日「南部さん『光栄』、シカゴ大で贈呈式　ノーベル物理学賞」
『ほがらかな探究　南部陽一郎』（福井新聞社、２００９年）
「素粒子物理学の発展における南部、小林、益川３先生の功績」（菅原寛孝『日本物理学会誌』２００９年第２号）

第9章 福井新聞記者が見た南部の素顔

時は少し遡る。南部陽一郎がスウェーデンの王立科学アカデミーからノーベル賞受賞の知らせを受けたあと、南部邸に1週間ほどにわたって特別に出入りを許され、南部に肉薄したジャーナリストがいた。南部が子供の頃を過ごした福井の地元紙、福井新聞の福田淳だ。

福田が試みたロングインタビューや、そこに至るまでのやりとりで浮かび上がった南部の素顔を、福田の目を通じて知っていただこう。

取材に応じた南部の地元愛

今年は取ってくれるかもしれない、でも多くを期待すると失望も大きいから、と淡々と冷静にノーベル物理学賞の発表を待ち、南部の名前がないと知ると、また来年へと希望をつなぐ。そんなことを日本の人々は何度、繰り返してきたことだろう。南部のノーベル賞受賞を待ち続けた福井新聞社の記者たちもそうだった。

だが、やっと、そうした待ち疲れから解き放たれる日がやってきた。2008年10月7日、火曜日。南部陽一郎ら3人のノーベル物理学賞受賞が決まった、との一報が流れたとき、社内は喜びと安堵の空気に包まれた。

ほどなく米国のシカゴに記者を派遣し、南部を長期にわたってインタビューするプランが持ち上がる。指名されたのは文化生活部の記者、福田淳。当時、南部から話を聞こうと接近したあまたの記者の中で、南部の内懐に飛び込んで最も肉薄したジャーナリストである。

だが南部への接近は当初、難航した。意外に思われるかもしれないが、南部は名うてのマスコミ嫌いだった。電子メールを送ってもなしのつぶて。苦労して親族から教えてもらった自宅の電話番号にダイヤルしても、電話はずっと留守録の状態だった。それでもへこたれずに「○日の○時にあらためて電話をかけます」とのメッセージを残し、約束の日時に電話をかけると、そのときに限って幸運にも南部本人が現れた。

その頃は、マスコミの取材攻勢が激しく、記者がシカゴ大学や南部邸に押しかけ、南部がとてもナーバスになっていた時期だった。静かだった生活が急に一変した南部はことのなりゆきに嫌気がさしもしていた。

だが南部は福田が福井新聞の記者だということに慮って電話に出てくれた。福田の取材の申し出に南部は最初、「わざわざ、こなくていい、こなくていい」とやんわりと拒んでみせた。しかし声色にさほど強い拒否感は感じられない。

ならば、と福田はもうひと押ししてみることにした。「シカゴに行くことはもう決まっています。もし、そのとき、時間があいていたら会ってください」と頼み込んだ。すると南部は「わかった、わかった。くればいいよ。せっかく福井から出てこられるのだから」と賢者の知恵を出して、取材依頼を受けてくれた、という。

あとで聞いてわかったことだが、このとき、妻の智恵子の体調があまりよくなかった。このあと、訪米した福田はシカゴの南部邸に1週間ほど毎日、通うことになる。しかしこの間、彼は智恵子の姿を一度も見ることはなかった。それでも南部が福田の依頼に応じてくれたのは、中学を卒業するまで暮らした福井への厚い思いがあったからに違いない。南部にとって福井は特別の地だった。

南部が教えてくれた「授賞式欠席」

ただ、福田によると、南部と対面がかなうまでにはもう一波乱あった。約束した日時に南部邸を訪ねると、ドアに貼り紙があり、そこには日本語でこう書かれていた。「福井新聞福田様　家内の調子が悪く今日は病院に連れて行っているので会えません」。

福田はよもやの展開に驚き、「どうしたものか」と困惑した。しかしここは過去の経験が働いた。病院に出かけた、というのならいずれ南部は自宅に戻る可能性が大きい。こう読んだ福田はシカゴ大学で他の取材をこなすなどして時間をつぶし、午後3時頃にもう一度、南部邸を訪ねてみた。玄関の呼び鈴を鳴らすと反応があった。「福井から来ました」と告げると、南部はこう返してくれた。「おおっ、いらっしゃい。よく来たね」。

家の中に招き入れられた福田はその日、南部とおおづかみに取材の段取りを話し合った。福田に新聞社から与えられた時間は1週間。南部には仕事や行事でふさがっている以外の日は、午前と午後に1度ずつ取材に応じてもらえることになった。どうやら南部とのファーストコンタクトは成功したようだった。

福田には、「南部先生の福井時代の写真を探して持ち帰れ」というミッションも新聞社から課されていた。そう告げると南部は悪い顔はせず「アルバムはあまり持ってないけど探してみる」と応じてくれた。翌日、行ってみるとテーブルには2冊のアルバムが用意されていた。

福田は早速、南部と一緒に福井時代の写真を探しはじめた。こうして一枚ごと写真を見ながら南部から当時の思い出を聞かせてもらうスタイルの取材が始まった。

「せっかくだから、写真をすべて複写させてほしい」という福田の願いも、南部は快く聞き入れてくれた。

これだけでない。福田は自分が南部の胸中に入り信頼を得たのだ、という感覚をこのあと、何度か味わった。たとえば、南部を取材していると頻繁にマスコミから電話がかかってきた。すると電話に出た南部は、「またきたよ」といわんばかりに、福田に向かってニヤッと笑いかけ、「年末までは忙しいので、直接会っての取材には応じられない」と相手に非情の通告をしてみせた。

簡単な電話での問い合わせぐらいには応じる。しかし、直接会って話をする面談方式のインタビューは時間を多く奪われるので御免被る、というのが南部の流儀。南部は続々とかかってくる取材依頼の電話を拒み続ける状況を、楽しんでいるかのようでもあった。福田が南部のそばに張りついた間、南部がインタビュー取材に応じる約束をしたのはわずか2社だった、という。

アルバムを見ながら思い出を語る南部陽一郎（右に福田記者の手が見える　提供／福井新聞社）

そう、忘れてはいけない。福田は南部と会い続けたこの期間に、特ダネを世界に向けて報じている。南部がノーベル賞の授賞式への出席を見合わせる、というビッグニュースだ。

ニュースソースはもちろん、親しくなった南部本人。福田が「授賞式、一緒に行くのを楽しみにしています」と言ったら、南部から「残念だけど行かないよ」と思いもしなかった返事が戻ってきたのがきっかけだった。

「南部博士　ノーベル賞授賞式欠席」のニュースを福井新聞が報道したその日、南部邸には通信社や新聞社からひっきりなしに確認の電話がかかってきた。福田はそのときも南部邸で、南部とマスコミのやりとりを見守っていた。

南部が語らなかったもの

南部の性格は温厚、謙虚。饒舌なタイプでは決してない。ところが、そう聞いていたはずの南部は、福田の前では意外なほどよく笑い、茶目っ気もたっぷりだった。ただし話題が過去の失敗や苦労に及ぶと、口は重くなりがちだった。

たとえば研究が大外れして、世界レベルの研究者との競争についていけなかった米プリンストン高等研究所の悔しさを、南部はほとんど語らない。「大変だった。石川啄木の『友がみな　われよりえらく　見ゆる日よ』の状況だったよ」とポツリ。

プリンストン高等研究所を〝脱出〟してシカゴ大学に移った直後の肩書きは、ポスドク（博士研究員）と同じ扱いの「リサーチ・アソシエイト」。悔しい思いをしたはずだった。だが南部は無念さや負の感情を押し殺すように「あのときはとにかく研究ができればよかった」と、言葉少なだった。

どうやら南部は悩みや悔しさをむき出しにせず、生の感情を自分の内に抱え込むタイプの人間だったらしい。南部が寡黙になったときにはそうした性格や人柄が透けてみえた。

南部に「自発的対称性の破れとは」と問うてみた

南部への密着取材を始めて数日がたった頃、福田は避けて通れない話題を持ち出した。「私にもわかるように、自発的対称性の破れの理論をご説明いただけないでしょうか」と。

この理論が難解なことはわかっている。福井新聞は自発的対称性の破れの理論が何たるものかについて、紙面でいくたびか説明・解説をほどこしてきた。しかし目の前に南部がいる以上、この理論の説明を本人からじかに聞いてみたい、と思うのはジャーナリストの本能のようなものだ。

南部もこの展開をある程度、予期していたらしい。福田に「わかったよ」と答えて、説明を始めてくれた。だが心配していた通り、南部の口から出てくる専門用語はわかりにくかった。「○○理論によると～」「○○理論ではこうなって」といった南部の説明に対し、福田が恐る恐る「○○理論って何ですか」と話の腰を折る展開が続く。どうやら南部は、自分の難解な理論を一般人向けに、たとえ話ややさしいモデルを使ってわかりやすく語った経験がさほど多くなかったらしい。

〝講義〟が始まって20分ほど経過し、「さあ、どうする。このままでは泥沼だ」と福田が心配しはじめたとき、南部が救いの手を差し出してくれた。「やめましょう」「このまま進めるとほかの取材ができなくなってしまうでしょう」と。福田は絶妙のタイミングで中止を宣言してくれた南部の心遣いに感謝した。

南部はその際、こんな助け舟も出してくれた。「僕は日本の講談社から日本語で『クォーク』という書籍も出しているし、『日本物理学会誌』にも文章を書いているから、それを見りゃわかるよ」と。そう聞かされると福田の心は軽くなった。しかし、日本に戻ってから読んだ南部推薦の書はやはり難解でわかりにくかった、ともいうのだが。

南部邸でのインタビューはもうしばらく続いた。親しさが増してくると、南部は部屋着で福田の前に現れるようになった。リラックスした南部のこんな姿を間近で見た記者は福田をおいてほかにはいない。福田は帰国後の11月、福井新聞の紙面で「朗らかな探究」と題した企画記事を8回連載した。誰もがまだ知らない南部を描いた渾身の力作であった。

第10章 生涯、現役の研究者

90歳を超えて語った流体力学と宇宙

南部陽一郎が90歳の卒寿を超えてなお論文を発表したことをご存知だろうか。しかも流体力学を応用して宇宙を論じる、という類い希な論文を。2013年に大阪大学で開催された国際シンポジウムでのできごとだ。

ノーベル賞の受賞から5年。多くの人々は南部が受賞テーマである自発的対称性の破れについて語る、と予想していた。だが推測は見事に外れた。流体や、流体中の物体の運動を研究する流体力学が、どんなマジックを使えば宇宙と結びつくのか。このときほど南部が魔法使いのように見えたことはなかっただろう。

南部夫妻は人生の最終コーナーを迎えた21世紀、大阪府豊中市に建てた邸宅で暮らしはじめた。新婚の頃、暮らした智恵子の実家の敷地に新築した終《つい》の棲《すみか》である。

南部がそこから通ったのは、阪大が南部を遇するために理学部の建物に設けた南部研究室。少し頑張れば自宅から歩いて行けるほど、豊中の南部邸は阪大理学部の近くにあった。南部は大学に出かけては親しい研究者と研究トークを楽しみ、研究室で思索にふけり論文を書いた。

南部が国際シンポジウムで語った流体力学は、1980年代から温めていた研究テーマだった。南部門下生は南部と話していると話題がいつのまにか流体力学に変化する場面に何度か出くわしていたし、阪大でもまたその光景は繰り返された。

悔しいことだが、健康は年齢を重ねるとともに衰える。しかし、それでも南部の好奇心と知的探究心は揺るがない。大学でも智恵子と一緒に暮らす家庭でも、南部の心は物理の世界を悠然と飛び続けていた。

大阪大学の南部研究室

新婚時に暮らした豊中市に戻った南部夫妻

南部はプライベートをほとんど語らなかった人間なので、いまひとつはっきりしないのだが、シカゴの邸宅を引き払い大阪の豊中に完全に定住するようになったのは2010年を少し過ぎた頃だった、と推測される。

南部の姿はそれ以前にも、しばしば日本で見かけられるようになっていた。シカゴ大学を定年退官したあと、寒い冬にはシカゴの街を避け豊中で過ごすようにしていたのだ。とくに湯川秀樹と朝永振一郎の生誕100周年記念のイベントが相次いだ2000年代なかばには、日本での滞在はかなり増えた。

南部より一足早く、2年ほど前に豊中定住を決めたのは妻の智恵子だった。日本の国籍から離れることもなく、それまでも頻繁に豊中に帰郷していた智恵子は、腰を痛めたのを機に、晩年を日本で暮らす道を選んだ。南部がノーベル賞を受賞して2~3年後のことだった。

智恵子が日本に戻っても、米国で研究の礎を築いた陽一郎はシカゴから完全には離れられない。しかし愛妻に引き寄せられるかのように、〝帰国〟する回数も期間も増え、ついに陽一郎も日本での定住を決断するに至ったのだった。

南部を遇した門下生

南部は豊中に体を落ち着けると、研究室を提供してくれた阪大理学部に乗合バスで通った。週にほぼ一度のペースだった。南部がやってくるたび、話し相手となりもてなしたのは南部門下生で、当時は阪大の素粒子論研究室の教授となっていた細谷裕(現・阪大名誉教授)だった。

細谷は米国のシカゴ大学の南部研究室で2年学んだあと、名門のペンシルベニア大学に転じ、さらにミネソタ大学で教授ポストに就いた。細谷は東大の大学院理学研究科で素粒子物理学を学んでいた頃から南部の面識を得ていた研究者でもある。南部が米国から一時帰国して東大を訪問した際に、つながりができた。

少し脱線すると、阪大の素粒子論研究室には、かつてゲージ理論の内山龍雄やひも理論の吉川《きっかわ》圭二《けいじ》らの著名教授が在籍した。吉川と南部は米国で親しくなった仲。南部は豊中に戻ると阪大に吉川を訪ねていた。

南部は小柴が文化勲章を受章した際、寝そべった猿が「物理屋になりたかったんだよ」と夢を語っている文書をファックスで送った。実はその文書の出どころは吉川研究室だった。研究室には研究者たちの溜まり場のようになっていた部屋があり、そこにあの文書が貼ってあった。猿の科白を書き換えたのは研究室を率いる吉川。それを気に入った南部が文書をコピーして持ち帰り、さらにそれが小柴にファックスで送られた、というのがことの真相だ。

細谷によると南部は研究者を評価する独自のものさしを持っていて、互いにしゃべって議論して、面白いと思ってもらえれば〝合格〟となるのだそうだ。南部は基本的に口数が少なく、もの静かだ。でも若手がしゃべることに少々、独創性があり、それを気に入ってくれれば「面白い」といってくれる。幸い、細谷は南部から〝及第点〟をもらい、親しく接してもらった。逆に南部が嫌うのは他人のアイデアの真似。それから物理的な実体がなく、数学的にぐじぐじといじっているだけの論文だった。

数式で考える人

時計の針を南部のノーベル賞受賞より少し前に戻そう。阪大の招聘教授となった南部は2000年を過ぎると、阪大に足を運ぶ回数が以前よりも少し増えた。米国にいた細谷が阪大の教授となって日本に戻ってきた頃のちょっとした変化である。そこで細谷たちは南部に快適に過ごしてもらうために、阪大理学部のH棟に南部の居場所となる一室を確保した。これが南部研究室である。

南部がやってきたときは、細谷の部屋か南部研究室が二人の議論する場となった。南部は「最近、こんなことを考えているんだ」といっては、ホワイトボードを使ってアイデアを説明していった。細谷にとっては至福の時だった。

細谷によると、南部は言葉ではなく数式で考える人だった。一見すると関連のなさそうな分野の数式を頭の中で並べて見比べ、それらの類似性から新しい切り口を見つける。南部はこうしたアナロジー（類推）的手法を好む研究者だった。

細谷が忘れられないのは、南部がノーベル賞を受賞した直後の2009年のできごとだ。細谷

阪大講演時の南部（前列右から３人目）、その右が細谷

たちは、南部がしばらくしたら日本に帰国するとの情報をキャッチし、阪大主催で講演会を開催するべく知恵を絞った。南部は受賞したあと米国でも、殺到する講演要請にほとんど応じていなかった。もし阪大で講演会ができれば誇らしい。

だが開催の１週間前になって、文部科学省からクレームが届いた。南部がまだ日本の天皇にも首相にも会っていない段階で、講演会をやるのはいかがなものか、というのだ。南部の阪大での講演は、参加者を理学部の学生・大学院生と教職員に絞った小規模なものにせざるをえなくなった。

結局、南部のノーベル賞受賞後の一般向け講演会を開催することに成功したのは、その頃、江口徹が所長を務めていた京都大学基礎物理学研究所だった。２００９年10月、京大の百周年時計台記念館で催された講演会「自然法則の対称性とその破れ」には大勢の人がつめかけた。その中には小柴昌俊の姿もみられた。

腎臓弱り人工透析に

それから2年後の2011年、阪大は南部に特別栄誉教授の称号を授与した。科学の発展に格別に貢献をした研究者に対して、大学が授与する名誉称号だ。

南部が若い頃を過ごした大阪市立大学も黙っていなかった。阪大の動きをキャッチすると、大阪市大もまた、南部に特別栄誉教授の称号を授けたのだ。阪大の授与から2ヵ月後のことだった。大阪市大はキャンパスに「南部ストリート」と名づけた通りを設けるほどの力の入れようだった。阪大に京大、それに大阪市大も加わった南部の争奪戦はにぎやかだった。

ただ、この時期の南部の体調は、実のところ年齢相応に弱っていた。最もつらかったのは腎臓の働きが低下し、人工透析に頼らざるをえなくなったことだった。細谷によると、南部からその電話がかかってきたのは2011年前後のことだった。「南部です。いま、病院にいます。ちょっとやっかいなことになりましてね」「医師から人工透析をやらなきゃいけない、といわれてしまいました」。南部の口ぶりにはうっとうしさ、憂鬱さ、無念さがにじみ出ていた。

腎臓には、食事で摂取した塩分を尿として排泄する働きがある。塩分を摂りすぎると腎臓に大きな負担がかかる。自分の体の変調に気づいた南部は食事に注意し、塩分の摂取は控えめにしていた。それでも南部に病魔は忍び寄ってきた。

人工透析は、昔なら尿毒症から死へと至った患者を、確実に延命する医療技術だ。だが透析に使う注射針は、採血用の針の倍ほどの太さがあり、そして痛い。一説には南部は注射嫌いだった。だが透析は一週間に3～4回受けねばならず、一回に4～5時間もかかった。血液を体の外部に運んで老廃物を除去したあと、再び体内に戻す治療は、老齢の南部にはかなりの負担となり、透析を受けたあとの半日はただぐったりして過ごすだけだった。

それでも南部の知的好奇心は衰えない。透析のせいで自由な時間が半分ほどに減っても、大学に通い続けた。この頃、愛用したのはリュックのように背負う方式のカバン。このほうが歩くとき、左右のバランスがとれるからだった。

南部と細谷は、南部の〝登校日〟は火曜か木曜のどちらかと決めた。南部がかかわる国際会議やシンポジウムは、これ以降、両日のいずれかに開催されるようになった、という。

抱き続けた流体力学への好奇心

南部が90歳を超えて発表した論文の話をしよう。厳密な査読を経て論文誌に掲載された研究論文ではない。日本国内で開かれた国際シンポジウムの基調講演用の論文だ。しかしこれを論文と呼ぶことに異議を唱える人はいるまい。

南部がノーベル賞を受賞してから5年がたった2013年の年末。大阪大学の豊中キャンパスで、「物理学、宇宙・地球惑星科学における学際研究フロンティアの動向」と題した国際シンポジウムが開催された。南部のノーベル賞受賞テーマは「自発的対称性の破れ」だった。しかし意表をついて用意した講演テーマは「流体力学の新しい視点」だった。

いったいどうして流体力学なのか。出席者の多くがびっくりしたに違いない。だが実のところ南部は数十年前からずっと、流体力学に強い好奇心を寄せていた。

1980年代にシカゴ大学の南部研に身を寄せた菅本晶夫は、南部夫妻からしばしば食事に誘われた。その場で菅本は幾度も、南部の口から流体力学の話題がこぼれ出るのを聞いた。菅本は2002年に南部を訪問し、約3時間、研究テーマについて意見を交換した。その際にも、南部は熱心に流体力学を語った。南部の流体力学への興味と好奇心は、とめどなく続いていた。

狙いはボーデの法則の証明

不思議なことに、南部が展開する議論の中には、いつのまにか宇宙に関連したティティウス・ボーデの法則が登場してくることもあった。この法則は、太陽から惑星への距離に関して18世紀にドイツで唱えられた経験則。天文単位で測った太陽—惑星の距離を、簡単な数列で表せる。

阪大の細谷も同じような体験をした。細谷によると南部は晩年に「流体力学の定式化」に熱心に取り組んでいた。南部と細谷がひも理論について意見を交換していたときのこと。南部は突然、「ひも理論の方程式を流体力学風に書き換えることができる」と言って、細谷を驚かせた。

南部の狙いは、シンポジウムの講演で明らかになった。南部は流体力学を使って、ボーデの法則を証明しようとしていたのだった。

南部が好きだった流体力学のポテンシャルは大きい。菅本は、南部が講演で語った内容を分析・研究して、『日本物理学会誌』に「南部の発想の源を求めて：なぜ最後に流体力学か」と題した論文を寄稿した。2017年のことだ。

それによると南部は、流体に発生する渦糸を弦と見立て、渦糸から発生する力が伝わる場を、流体力学の場（速度ポテンシャル）として、相対論的に理論を組み立てていた。

この論文で菅本は、南部の流体力学は2次元（面状）の空間を流れる流体を扱う場合は粒子の理論、3次元（立体状）の空間を流れる流体を扱う場合は弦の理論、4次元の空間の場合は膜の理論と等価になる、と指摘している。

膜とは、最近、はやりのブレーン宇宙論などに登場するブレーンのこと。南部が長年こだわった流体力学は、これほどまでに幅広く奥行きの広い魅力的な理論だった。

「超対称性粒子は存在しない」

これよりしばらく前の2013年7月。南部は阪大で約400人の学生・市民を前に「物理学の周辺」と題した講演をした。講演のあとには記者会見が待っていた。そこで南部が問われたのは、超対称性粒子の有無だった。

急に超対称性粒子が現れ、困惑されたかもしれない。当時の状況を説明しよう。

この年は、欧州合同原子核研究機構（CERN）の巨大加速器LHCで発見された新粒子が、ヒッグス粒子であることが確定的になっていた時期だった。

しかし研究者たちがLHCで捕まえようとしていた標的には、ヒッグス粒子のほかに超対称性粒子という粒子があった。ところがヒッグス粒子は捕捉したものの、超対称性粒子のほうはさっぱり観測の網にかからなかった。

超対称性粒子は、宇宙に広がるミステリアスな暗黒物質（ダークマター）の有力候補の一つとされた。宇宙にある物質の約85％は目に見えない暗黒物質だ。超対称性粒子の存在を予言した超対称性理論をうまく使えば、現代物理学の長年の課題である「力の統一」が果たせるかもしれない、との期待もあった。

だから記者会見に出席した記者は、南部に超対称性粒子について聞いてみた。しかし、南部の返事はそっけない。ただ「ないと思う」と語っただけだった。

なぜ、南部の回答が「ノー」だったのか。実は南部は遠い過去から、超対称性粒子に否定的な態度をとっていた。

南部が超対称性理論について耳にしたのはシカゴ大学時代のこと。数学的にはこの理論は素晴らしくかつ難解で、当時の南部もマスターするのに苦労した。しかし、超対称性理論から生まれた超対称性粒子に南部は感銘を受けなかった。

なぜなら自然界には超対称の兆しが感じられなかったからだ。湯川や坂田の考え方に影響を受けていた南部は、現実には存在しない単なる数学的な概念を嫌い、物理的な実体を伴うものを好んだ。

南部が記者会見で超対称性粒子を否定してから約8年。本書を出版した時点では超対称性粒子は発見されていない。南部の生前最後の予言である。

物理学ことはじめ

超対称性粒子

超対称性理論に基づく仮想の粒子。素粒子の標準理論の枠を超える粒子である。

超対称性理論によると、物質を構成するクォークや電子などのフェルミ粒子には、スピン（角運動量）が$\frac{1}{2}$ずれただけのパートナーの粒子があり、また、ボース粒子に分類される光子やグルーオンなどの力を伝える粒子にも、スピンが$\frac{1}{2}$ずれただけのパートナー粒子がある。これが超対称性粒子だ。

したがって、フェルミ粒子の超対称性パートナーは未知のボース粒子、また、ボース粒子の超対称性パートナーは未知のフェルミ粒子となる。クォークにはアップやダウンなど全部で6つの粒子がある。超対称性理論はそれぞれのクォークに対して「スカラークォーク（スクォーク）」というパートナーの粒子の存在を予測している。

豊中市の名誉市民に

南部が晩年、大阪大学のほかに絆を深めたのは、地元の豊中市役所だった。きっかけは南部がまだ日米を行き来していた頃、豊中市役所が南部に「名誉市民になっていただきたい」と打診したことだった。

南部とコンタクトをとったのは当時、秘書課長を務めていた山口太一だった。もとより豊中市に深い親しみを感じていた南部に異存はない。南部は淺利敬一郎市長（当時）と対談したり、豊中市の広報誌に「第二のふるさと」と題したエッセーを寄稿したりするなどして、互いの距離は縮まった。

正式に豊中市の名誉市民となったのは2011年の秋。この2年前、南部は自宅のすぐ近くの上野小学校が創立60周年を迎えたのを祝って、同校の児童あてに、自身の半生を18枚の写真で紹介した「マイ・ライフ」を贈った。南部に続いて、豊中市の名誉市民となったのは映画監督の山田洋次だった。

南部の長男の潤一は子供の頃、夏休みに智恵子に連れられ豊中に里帰りしていた。南部にはその頃の潤一と小学校の児童が重なって見えたかもしれない。

豊中市役所の山口は南部家を訪ねたこともあった。高齢の南部夫妻の健康と生活を陰ながら支援するのも彼の仕事。そこで彼は、かつて南部チルドレンが遭遇したのと同様、智恵子が陽一郎に「陽ちゃん」と呼びかけるのを聞いた。年齢を重ねても南部夫妻はシカゴ時代と同様、仲よしだった。居間には、シカゴ時代の南部邸で開いたホームパーティーの際に撮ったと思われる写真が飾ってあった。

山口は南部の意外な姿を見たこともあった。あるとき南部がひょっこり豊中市役所に現れたのだ。話を聞いてみると、体調を崩しがちな智恵子の介護保険の申請手続きにやってきた、という。

名誉市民になってもらった南部から「力を貸してほしい」と声がかかれば山口は、南部の元へ足を運んだことだろう。しかし他人に頼らず、できることは自分でやるのが南部の流儀。南部は弱みやつらさを他人にあまり見せないタイプの人物だった。

湯川黒板の披露式に出席

この時期は南部が自分の人生の終幕を意識しはじめた頃でもあった。いくつかの兆しがあった。

南部は2013年の夏に、大阪市立科学館の館長、斎藤吉彦に「シカゴを引き上げて豊中に住んでいます。しかし二人とも体調を崩し医者のご厄介になっており、ほとんど外へ出ません」と近況を記した電子メールを送った。この年の11月には長らく大切に持ち続けたアインシュタインの署名が入った書籍を江口徹に贈った。大切な研究の時間を割いて南部論文選集を出版してくれた江口への感謝の印である。

2014年の年初には豊中市役所の山口に、手書きのやや乱れた文字でつづった年賀状を送った。山口が「南部先生からいただいた年賀状はこれ1枚きり。私の宝物にします」と喜んだ年賀状だった。

南部にとって最後の公式な行事となったとみられるのは、2014年5月に阪大理学部で行われた「湯川黒板」の披露式だった。

湯川秀樹というと京都大学を連想しがちだが、阪大とも縁が深い。ノーベル賞の受賞テーマとなった中間子論の研究論文は、湯川が阪大の理学部の講師時代に執筆したもので、彼はこの論文で博士号を取得した。中間子論など湯川の学問的な仕事の大半は、阪大時代のものだ。

コロンビア大学から阪大に寄贈された「湯川黒板」と南部（大阪大学のホームページより）

湯川は戦後に米国の名門コロンビア大学に出かけ、そこに客員教授として滞在中の1949年、ノーベル賞受賞の知らせを聞いた。「湯川黒板」とは、彼がそのときに使っていた黒板で、コロンビア大学はその黒板を阪大に寄贈してくれたのだ。

南部は湯川に刺激されて物理の道に入った。しかも南部が自発的対称性の破れに関する論文で指摘した南部ゴールドストーン粒子の実体は、湯川が存在を予測したパイ中間子でもあった。だから湯川黒板の披露式は南部にとって、万難を排して出席しなければならない式典だった。

湯川の長男の湯川春洋《はるみ》や阪大学長（当時）の平野俊夫らも出席した披露式で、南部は「湯川さんに引かれて物理学をやることになった。湯川さんは私の恩人」とあいさつした。平野は、南部が「物理をやってよかった」としみじみと述懐していた、と書き残している。

２００８年12月10日。ストックホルムには出向かずにシカゴ大学で臨んだノーベル賞受賞講演で、南部は自分を物理の道へ誘ってくれた湯川秀樹と朝永振一郎の名前をあげるとともに、南部理論で予測した新粒子こそ湯川が提案したパイ中間子だった、と語っていた。

湯川黒板を目の当たりにした南部の脳裏には、彼がこれまで歩んできた人生の節目の光景が次から次へと浮かんでいたのかもしれない。いま、湯川黒板は阪大理学部H棟の7階に設置されている。また、２０１７年には理学部J棟の2階に南部陽一郎ホールも完成した。

「私の一目ぼれでございました」

豊中に移り住んだ直後、南部夫妻はどちらかというと陽一郎のほうが元気で、入退院を繰り返す智恵子の世話をしていた。だが、腎臓の透析治療を受けながらの物理学の探究はかなりの負担となったようだ。

こうして南部の肉体は限界を超えた。息子の潤一によれば脳梗塞を起こしたのだ。１９９０年代に南部は軽い脳卒中を患ったことがあったが、今度はつらいリハビリを必要とする軽からぬもので、いくつかの病院を転々とすることになった。医療機関により多くお世話になるのはむしろ、陽一郎のほうになってしまった。

ニューヨークに住んでいた長男の潤一は、南部の健康の変調が伝えられると、日本にやってきて看病し、容態が安定すると米国に帰国する生活を送っていた。日米の往復回数は2年間で7回に達した。シカゴ大学の南部研究室で学んだ南部チルドレンたちも南部の見舞いにやってきた。

南部が大阪市内の病院で天寿をまっとうしたのは2015年7月5日のことだった。享年94歳。病名は急性心筋梗塞とされた。潤一によると、南部は胸の痛みや息苦しさに我慢強く耐え、静かに旅立った。

その際、異彩を放ったのは、妻の智恵子が大阪大学と豊中市役所を通じて発表した、凛としたコメントだった。

智恵子は「私が夫と出会ったのは、宝塚にあった陸軍の研究施設でした。私の一目ぼれでございました。それ以後、豊中、アメリカのプリンストン、シカゴ、そして再び日本へ。苦労もありましたが、70年あまり、ほがらかな道をともに歩んでまいりました。夫を失い、ただただ悲しみにくれています」と書いて、陽一郎とともに歩んだ人生を振り返った。

「私の一目ぼれ」とすがすがしく清らかに言い切り、聞く人々を感動させたコメントは、智恵子がベッドの上で語った通りをタイプして報道機関に配ったものだった。

ただし、これは即興ではなかった。そう遠くない時期に南部の他界は避けがたいと諦念した智恵子が、「潤一さん何か書いておいてくれませんか」と事前に潤一に頼んで、書いておいてもらったものだった。子供の頃に智恵子から二人の出会いを聞かされていた潤一は、さほど苦もなくコメントの原案を書き上げた。智恵子のコメントはおそらくそれに彼女なりのテイストをつけたものだったのだろう。

そして南部と智恵子の物語の最終章には、予期しないできごとが起こった。南部の死からわずか2ヵ月ほどが過ぎた頃、陽一郎が去ったこの世に未練はない、といわんばかりに智恵子が天へ旅立ったのだ。一目ぼれした南部と人生をともにした智恵子らしい人生のエンディングだった。

大阪市大が南部研究所を設立

もっとも、他界しても南部はお役御免とはならなかった。南部が若い頃に赴任した大阪市立大学が、南部陽一郎物理学研究所の設立へと動きはじめたのだ。

南部が在籍した頃の大阪市大の理論物理学のメンバーは強者《つわもの》ぞろい。教授の南部はもとより、「西島・中野・ゲルマン則」を提唱した西島と中野や、さらに早川や山口らが日々、精力的に研究と議論を重ねていた。

南部陽一郎物理学研究所は、そんな昭和の時代の南部研究室をモチーフにした高度な研究拠点

国際シンポジウムで挨拶をする南部潤一（大阪市立大学提供）

で、当時の西澤良記《よしき》学長や櫻木弘之副学長らが設立に汗を流した。南部研究所で独創的な研究成果が生まれれば、大学の声価は高まり優れた人材を集められる。大阪市大は、南部の名声と力を借りて大学を成長させる戦略を描いたのだ。

研究所は南部陽一郎のノーベル賞受賞から10年後の2018年11月に、素粒子だけでなく物性物理、原子核、宇宙の分野から研究者を集めて発足した。南部は素粒子にかぎらず物性物理などに好奇心を持っていた。南部研究所はそうした分野横断的な組織だった。

研究所の所長には、大阪市大に南部が残した研究室の直系の教授である糸山浩司《ひろし》が就いた。

この年の年末に大阪市大は、南部研究所の誕生をアピールするため、南部陽一郎の長男、南部潤一を招いて国際シンポジウムを開催した。シンポジウムの冒頭、潤一が挨拶をしている光景を写した写真をご覧いただきたい。背後のスクリーンに映し出された陽一郎がにこやかな表情で潤一を見守っている。おそらくこれは陽一郎と潤一が公式の場で〝同席〟する初めてのできごとだったはずである。

第10章 引用・参考文献

『破られた対称性』(佐藤文隆、ＰＨＰ研究所、２００９年)
インタビュー「南部陽一郎のよもやま話」(大阪市立科学館研究報告、２００９年)

南部陽一郎の生涯

1921年	１月18日、東京府東京市で生まれる
1923年	関東大震災で被災し父の故郷の福井市に転居
1937年	福井中学を４年で修了し東京の第一高等学校入学
1940年	第一高等学校卒業、東京帝国大学理学部物理学科に進学
1942年	東京帝大を繰り上げ卒業、陸軍から召集。多摩陸軍技術研究所でレーダーの開発に従事
1945年	兵庫県宝塚の陸軍研究所で出会った飛田智恵子と結婚
1946年	東大に復帰。理学部１号館の305号室で居住
1949年	大阪市立大学助教授、翌1950年に教授に
1949年	湯川秀樹がノーベル物理学賞受賞
1951年	長男の潤一が誕生
1952年	東大から理学博士号取得
1952年	米プリンストン高等研究所に留学。アインシュタインと面会。「核力の飽和性」に挑んだ研究は不調に終わる
1954年	米シカゴ大学にリサーチ・アソシエイトとして移籍
1956年	米シカゴ大学准教授
1957年	バーディーンらが超伝導のBCS理論を発表
1958年	米シカゴ大学教授
1961年	ノーベル賞の受賞テーマとなった「自発的対称性の破れ」に関する研究論文を発表。タイトルは「Dynamical Model of Elementary Particles Based on an Analogy with Superconductivity（超伝導との類似性に基づく素粒子の動力学モデル）」
1961年	ソルベー会議に湯川秀樹、朝永振一郎とともに出席
1964年	マレー・ゲルマンがクォークモデルを発表
1964年	ヒッグス機構に関する論文をヒッグスらが発表
1965年	３色クォークの量子色力学を提唱
1965年	朝永振一郎がノーベル物理学賞受賞
1967年頃	電弱統一理論が完成
1960年代終盤	ひも理論を提唱
1969年	ゲルマンがノーベル物理学賞を受賞
1970年	米国籍を取得
1973年	益川敏英らがクォークは少なくとも6種類と指摘
1973年	ポリツァーらが漸近的自由性を理論的に発見
1974年	米シカゴ大学物理学科チェアマン（学科長）に
1978年	日本の文化勲章を受章
1979年	福井市の名誉市民に
1991年	米シカゴ大学を定年退職し名誉教授に
1994年	トップクォークが発見される
1995年	江口徹と西島和彦が南部論文選集「壊れた対称性（Broken Symmetry）」を出版
2008年	ノーベル物理学賞を益川敏英、小林誠とともに受賞
2011年	大阪大学と大阪市立大学が特別栄誉教授の称号を授与
2011年	豊中市の名誉市民に
2015年	7月5日、大阪市内の病院で死去（94歳）

エピローグ

素粒子物理で史上最高レベルの理論を打ち立てたというのに、南部陽一郎ほどその生き様を日本人に知られていない研究者は珍しい。

調べてみると彼のライフストーリーを書きしるした本といえそうなのは、ノーベル物理学賞を受賞した翌年に、旧制中学までを過ごした地元福井の福井新聞社が出版した書籍一つだけだった。

それならひとつ、南部の本格的な伝記を書いてみようか、と功名心に駆られ、南部をよく知る人たちを訪ね歩きはじめたのは数年前のことだった。しかし南部陽一郎という人物が、伝記の主人公になりにくいわけはすぐにわかった。

まず彼の理論は非常に難しい。南部のあとに日本の3人がノーベル賞を受賞した青色発光ダイオードのように、青色の光を目にすれば理屈抜きでわかってしまう技術と違って、南部理論はプロの研究者でも理解に苦しむ基礎的で抽象的な理論だった。

南部は米国に住んでいたし、取材を受けるのが嫌いだったから、科学作家や科学ジャーナリストがやさしく書いた資料類もあまりない。

加えて弱ったのは、研究の場を離れれば、優しすぎるほどの好人物である南部からは、強烈な個性が感じられなかったことだ。芯が強く、我慢強いせいで、弱音や苦しみもほとんど表に出さない。

　このタイプの人物は、そうそう簡単には物語の主人公になりにくい。当初は、老舗仏壇店の長男でありながら、若気の至りで跡取りの役目を放棄し東京へ旅立った南部の父親のほうが、よほど書きやすいと思ったものだった。

　ところが不思議なもので、文章を書きはじめてみると意外にも南部の人生が波瀾万丈の様相を見せはじめた。陸軍中尉をしていた戦争末期、彼は恋をして結婚した。20歳代の若さで大阪市立大学の教授となったあと、胸を膨らませて渡航した米国の名門プリンストン研究所では一転して、人生最悪の挫折を味わった。

　名門シカゴ大学でノーベル賞の対象テーマとなった自発的対称性の破れの理論の構築に成功したものの、直後には栄誉を横からさらわれかねない失敗も体験した。

　そのあとには、クォークをめぐって強力すぎるライバル、マレー・ゲルマンとわたりあった。つらい別れにも見舞われた。早すぎる愛息の死だ。

　恋愛、挫折、失意、成功、つらい別れ、名誉。こうみてくると南部は意外なほど、起伏に富み、ドラマチックな人生を歩んでいたことがわかる。失礼ながら、はじめは退屈にさえ感じられた南部の生き様は、書き進めるほど興味をかきたてられるものへと変わっていった。

　残念なのは、南部と親しく交流を持った人々の心のうちにあったかけがえのない記憶を、十分には汲みとれなかったことだ。南部の一番弟子で、貴重な逸話や秘話をいくつも聞かせていただいた江口徹さん（東大教授や京大基礎物理学研究所長を歴任）は、体調を崩され本書の執筆中に逝去された。

南部のエピソードを夫以上によく知ると噂され、妻の智恵子さんととても仲良しだった、江口夫人へのインタビューもかなわなかった。

シカゴ南部邸の近くに住み、本書でも少なからず〝やんちゃぶり〟を見せたノーベル物理学賞受賞者の小柴昌俊さん（元東大教授）や、南部とノーベル物理学賞を同時受賞した益川敏英さん（元京大教授）も他界された。

せっかくのインタビューの機会を失した、という点では、筆者にはもっと反省材料がある。それは1990年代の後半、新聞社の自席に座っていたときのことだった。

突然、電話をかけてきた大学人と思われる相手はこう告げた。「いま、たまたま南部陽一郎先生が日本に戻ってきています。会ってみる気はありませんか」。取材嫌いで知られる南部の側が、自分のほうからインタビューを受けると伝えてきたのだ。こんなチャンスはそうそうやってこない。

だが、南部の業績をつまびらかに承知していない当時の私は、尻込みをした。少々、資料にあたっても「超伝導理論を素粒子物理学に応用し独自の理論を提唱した」と理解に苦しむ、ぶっきらぼうな説明があるだけだったからだ。

南部理論がわかっていない状況で会っても得るものは少ない。気まずい思いもするだろう。迷いに迷った末に私はこう自分に言い聞かせ、後日、丁重にお断りの返事をした。

いま振り返ると当時は、江口徹さんたちが南部論文選集『壊れた対称性』を出版し、正当に評価を受けていない南部の研究成果を世界にアピールしようとやっきになっていた時期だった。南部もシカゴ大学の教授を定年退官し、時間の余裕が生まれていた。

あのとき、南部さんにお目にかかっていたら、どんな会話ができただろうか。とびきりのエピソードを聞くことができただろうか、それとも南部理論を語る本人の説明についていけず、彼を困惑させただろうか。未練がたっぷり残るできごとだった。

ただ、そうであっても本書では、これまで誰も書かなかった南部陽一郎を少しは描き出せた、との自負はある。急所の一つは、一般向けの書籍では南部理論を語る際に、「難解すぎるから」とスルーされがちな「南部ゴールドストーン粒子」という粒子を、物語の表舞台に登壇させたことだ。

効果はてきめんだった。こうすることで、素粒子が質量を獲得するからくりをつまびらかに説明することができたし、南部が英国の若手研究者のゴールドストーンに出し抜かれそうになった波乱の一幕も盛り込めた。

南部ゴールドストーン粒子の正体は、湯川秀樹が存在を予測したパイ中間子とされる。この粒子によって、湯川と南部の深い縁も浮き彫りにすることができた。

本書の執筆に際して、大切な時間を割いて南部の思い出やエピソードを筆者に聞かせていただいた方々を紹介させていただきたい。

坂東昌子・元日本物理学会長、菅原寛孝・元高エネルギー加速器研究機構長、原康夫・元筑波大学副学長、細谷裕・大阪大学名誉教授、菅本晶夫・お茶の水女子大学名誉教授、櫻木弘之・大阪市立大学副学長、伊与登志雄・福井新聞社報道センター長（肩書きは取材当時）、福田淳・福井新聞社編集委員（同）、斎藤吉彦・大阪市立科学館長、山口太一・豊中市役所市民協働部長（肩書きは取材当時）。

菅原、原、細谷、菅本の各氏はシカゴ大学の南部研究室で学び、南部チルドレンと呼ばれた人々だ。とくに菅本さんには計5回のインタビューにおつきあいいただいた。

福井新聞の福田さんは、ノーベル物理学賞を受賞した直後の南部と面会を果たしたジャーナリストの中で、おそらく最も長い時間を南部と共有された方である。

豊中市役所の山口さんは、日本に帰国し人生最後の日々を豊中市で過ごした南部を温かく見守った方だ。彼は南部の長男、潤一さんとも交流がある。

大阪市大が南部陽一郎物理学研究所の発足を機に、長男の南部潤一さんを日本に招いたときに、潤一さんが聞かせてくれた南部の人生は、肉親でしか知りえない内容で満ちていた。

本書はこうした人々の語りと記憶、さらに①米物理学会による南部陽一郎インタビュー（2004年）②南部陽一郎の『日本物理学会誌』への寄稿文と、それらを収集して出版した『素粒子論の発展』（岩波書店）——などを参考にして執筆した。

①はインタビュアーが質問を投げかけ、南部がそれに答える形式のオーラルヒストリー（口述歴史）。本書では参考としなかったが、日本でも高エネルギー加速器研究機構が2005年に行った同種の記録がある。南部への興味が尽きない方は、2つから微妙なニュアンスの違いを読みとるのも一興だ。

原稿の最終仕上げ段階では、高エネルギー加速器研究機構の講師、藤本順平さんに頻繁に教えを請うた。本書をつくり終えられたのは、素粒子物理学が専門で、またこの学問をやさしく語る語り部能力で頭抜ける藤本さんのおかげだ。心からの謝意を示したい。

2021年10月　中嶋　彰

【や行】

【ら行】

【わ行】

【アルファベット】

【ま行】

【た行】

【な行】

【は行】

【さ行】

さくいん

【あ行】

【か行】

N.D.C.402　318p　18cm

ブルーバックス　B-2183

早《はや》すぎた男《おとこ》　南《なん》部《ぶ》陽《よう》一《いち》郎《ろう》物語《ものがたり》
時代は彼に追いついたか

2021年10月20日　第１刷発行

著者　中嶋《なかしま》　彰《あきら》
発行者　鈴木章一
発行所　株式会社講談社
〒112-8001　東京都文京区音羽2-12-21
電話　出版　03-5395-3524
販売　03-5395-4415
業務　03-5395-3615
印刷所　（本文印刷）株式会社新藤慶昌堂
（カバー表紙印刷）信毎書籍印刷株式会社
製本所　株式会社国宝社

定価はカバーに表示してあります。

ISBN978－4－06－525813－2

発刊のことば

科学をあなたのポケットに

二十世紀最大の特色は、それが科学時代であるということです。科学は日に日に進歩を続け、止まるところを知りません。ひと昔前の夢物語もどんどん現実化しており、今やわれわれの生活のすべてが、科学によってゆり動かされているといっても過言ではないでしょう。

そのような背景を考えれば、学者や学生はもちろん、産業人も、セールスマンも、ジャーナリストも、家庭の主婦も、みんなが科学を知らなければ、時代の流れに逆らうことになるでしょう。

ブルーバックス発刊の意義と必然性はそこにあります。このシリーズは、読む人に科学的に物を考える習慣と、科学的に物を見る目を養っていただくことを最大の目標にしています。そのためには、単に原理や法則の解説に終始するのではなくて、政治や経済など、社会科学や人文科学にも関連させて、広い視野から問題を追究していきます。科学はむずかしいという先入観を改める表現と構成、それも類書にないブルーバックスの特色であると信じます。

一九六三年九月

野間省一